50種不枉此生的生活智慧

原書名：不枉此生的50種活法

青藏石頭◎編著

前言

人生走一遭，該怎麼過才不枉此生？生命該如何定義，才是完整？

我們常會碰到許多年齡大的長者，說自己這輩子簡直是白活了！而反觀自己走過的路，似乎也找不出讓自己覺得不枉此生的得意事。

親愛的朋友，如果您覺得終日忙碌卻不知為何而忙，如果您對於明日沒有熱切期待，如果您休假時不知道做些什麼好，那麼，這本書將帶領您走向一個充滿希望的未來人生。

人生不一定要賺很多錢才算不枉此生，人生不一定要職位做很大才算不枉此生，人生不一定要享受過美食美景才算不枉此生。這本書將提供您不枉此生的50種活法，想要讓自己有個精彩的人生，翻開這本書吧！

COTALOGUE

CREDIT CARD
123 34456 778
Mr Nobody 23 3445

1 相約藏地雪

當雪花紛飛的時候，希望你能向忙碌的人生請個假，好好去看一看雪，去感受一下人生的真境界。

現在雖然全球暖化，天氣炎熱，但在西藏，卻還是經常可以身臨雪境。

那是去年九月，我和幾位朋友一起到西藏。一大早，便從拉薩出發，到納木錯湖。出發時，穿著單薄的襯衫，披了件西裝外套。反正，並沒有感覺到冷。

到了海拔五千公尺處，突然，前前後後，漫天漫地，白茫茫一片，好大的雪。

我們連忙叫司機大叔停車，紛紛跳下車。哇！好冷。又忙著裹上司機的軍大衣、毛毯，慢慢欣賞。司機大叔見慣不怪，吹起煙來。

生長在南方的人，很少見過真的雪。

從小時候起，對雪，就有一種發自內心的崇拜，也許是因為那首有名的詞：

北國風光，千里冰封，萬里雪飄。望長城內外，惟余莽莽，大河上下，頓失滔滔。山舞

銀蛇，原馳蠟象，欲與天公試比高。須晴日，看紅裝素裹，分外妖嬈。

江山如此多嬌，引無數英雄競折腰。惜秦皇漢武，略輸文采；唐宗宋祖，稍遜風騷；一代天驕，成吉思汗，只識彎弓射大鵰。俱往矣，數風流人物，還看今朝。

這只是一首詞，但卻給了我太多太多的遐想。

也許是英雄主義作祟，總覺得真正的男人就要接受風雪的洗禮，他們在刺骨的寒風中保持自己的錚錚鐵骨，他們在肆虐的雪花裡展現自己過人的傲氣。這是不同於江南水鄉的另一種生活方式，粗獷、狂野。

當然有時這種狂野裡還透漏著些許柔美的味道。那是小雪紛紛的時候，就像是江南的細雨紛飛。輕輕的散落在天地間，不同的是這紛飛的雪可以將整個世界妝點成另一種顏色，一種純淨的不含一絲雜質的白。那是世界上最乾淨的顏色，無論這人生、這世界有多少的灰暗，都會掩藏在這純淨之下，暫時逃離人們的視線。

還記得那個因為一句詩而出名的才女謝道韞，那句詩至今仍被大多數人所稱道：未若柳絮因風起。這句詩不僅讓自己的叔叔開懷一笑，更成就了謝道韞的一代芳名，而此句經典更是在傳世雅詞斯文中供人吟唸、誦讀、把玩、賞鑑。謝道韞筆下的雪有著漫天飛舞的飄逸，有著自飛自舞的情懷，有著女子般的細緻優雅。

納蘭容若的雪和他的人一樣是落寞的沾不得半點世俗氣：

非關癖愛輕模樣，冷處偏佳。別有根芽，不是人間富貴花。
謝娘別後誰能惜，飄泊天涯。寒月悲笳，萬里西風瀚海沙。
——《採桑子．塞上詠雪花》

這裡的雪輕靈自在，這裡的雪有著自清冷漫出，不可言說的好處，這裡的雪是屬於容若的雪，寫這雪的容若那雙迎著雪花的眼睛，冰雪般明亮。

毛澤東是懂雪的，才寫得出雪的霸氣與胸懷；謝道韞是懂雪的，才寫得出雪的自由飄逸；容若也是懂雪的，才寫得出雪的不與濁世相容。每個人筆下的雪，都寫出了雪不同的風貌，當然也有那莫名的相同，就是那種超塵的意境，寒冷中蘊藏著的溫暖，孕育著的斑爛。

我們在喧鬧的都市中失去了人性中最純真的東西，有的只是在爾虞我詐中汲汲營營，有的只是每天壓抑的生活。我們在不知不覺中將簡單的生活複雜化了，將人心的距離不停地拉遠，我們無法感受到人與人的愛，也沒有辦法感受人與自然之間的愛。

其實人生是美好而充實的，只不過這美好的景色，快樂的生活方式被我們遺忘許久，行色匆匆的人們哪有時間在美景前駐足呢？

我所期待的，大家所期待的，也不過就是在下一個下雪的日子裡，每一個人都可以在雪中靜靜停留，看著厚厚的白雪上那深淺不一的足跡，會心一笑。

我們短暫的生命中有三分之一的時間是在睡眠中度過，如何好好利用剩餘的時間呢？

無論做什麼，都應訂立一個崇高的目標。不要感嘆自己的能力不足，只要人人有一顆奉獻的心，用你的愛去關懷周遭的一切，用你的光去照耀那陰暗的角落，用你的熱驅走人們心中的冷漠。

在一個樸實無華的冰雪世界裡去反省昔日的狂燥熱夢，領略大自然旖旎的風光。讓這片清涼熄滅你內心的火焰，沖走內心的塵垢，還你一個純潔、靜謐的心智。

2 體悟放羊孩子的人生答案

記得多年前，看過一個電視節目。

記者：「你為什麼要放羊？」

放羊孩子：「為了賺錢。」

記者：「賺錢幹什麼？」

放羊孩子：「蓋房子。」

記者：「蓋房子幹什麼？」

放羊孩子：「娶媳婦。」

記者：「娶媳婦幹什麼？」

放羊孩子：「生娃娃。」

記者：「生娃娃幹什麼？」

放羊孩子：「放羊。」

記者：「……」

電視機前的許多觀眾，看到這裡都哈哈大笑，似乎是在笑一種膚淺的愚昧。

而這些恥笑放羊孩子的人，可否反觀自身，看看自己是否知道比放羊孩子更好的人生答案。那位記者先生，如果遇到同樣的問題，會如何回答呢？

我常常走在鬧區的街道，看到茫茫人潮，卻感到很孤獨。

人潮中的每一個人，行色匆匆，那麼執著、那麼專注……

其實，步履匆匆的每一個人，一生忙碌的動力，無非是兩個字——生存。

這忙忙碌碌的人潮，使我想起一種小小的生命——蜜蜂。

蜜蜂的世界，也是如此地忙忙碌碌，也是如此地執著、專注。

人比蜜蜂高級的地方，難道就是身體比蜜蜂大嗎？

生存的目的，難道就是生存本身嗎？

我們這些自己認為有地位、有成就、有涵養的人，真的比那個放羊孩子更有智慧嗎？

真的比蜜蜂更高級嗎？

放羊是一種工作，可以生存；當教授也是一種工作，可以生存；做總裁也是一種工作，可以生存。當然，忙碌的蜜蜂也在工作，而且因此得以生存。

如果有人說自己生存的更有意義，那麼有意義的標準是什麼？如果說工作的成就是有意義，那麼很多董事長的事業破壞了這個地球的生態，他留給後代的貢獻還不如一棵製造氧氣的樹。一個製造核武器的專家，他的生命真的比一個山村教師有意義嗎？如果說生活的快樂有意義，那麼一個苦於爭名奪利的政治家，就真的如趙本山扮演的農民「老蔫」更快樂、更有意義嗎？

如果一個董事長的工作叫「事業」，放羊孩子的工作為什麼不能叫「事業」？董事長的事業和放羊孩子的事業的目的，有什麼區別嗎？董事長不是為了生存而是為了拯救全人類嗎？難道賦予一種工作冠冕堂皇的名詞，這種工作的本質就有所不同嗎？

如果我們有勇氣反問自己為什麼活著，我們中有幾個人，不是放羊孩子呢？

就像夢中的人，夢見老虎一樣會恐懼地嚇出一身冷汗。因為他在夢中，以為一切都是真的。如果知道是夢，夢中猛虎還會咬人嗎？這人間本來有生生世世的輪迴，而這些參與輪迴的人，卻茫然不知，生生世世地困守在這種徒勞的遊戲中。

眾生的生存方式：蜜蜂忙著採花釀蜜；老鼠忙著存糧食過冬；蜘蛛忙著結網捕捉獵物；春蠶忙著吐絲；放羊孩子忙著放羊賺錢；工人忙著多賺點獎金；農民忙著多收點糧食；教授忙著寫論文；董事長忙著預測來年的策略盈虧……

做為眾生，不管他用什麼樣的方式度過這一生，如果沒有找到生命的答案，他這一生一切行為的本質，就是：經營輪迴。經營的成績，就是：繼續輪迴……

3 試一試身無分文的時候

如果你很年輕，有沒有想過不帶錢或帶很少錢到陌生的環境中，運用自己的謀生技藝生存一段時間？這對你而言，會是一種生存能力的考驗。

在過去的艱難歲月裡，我學會了許多謀生技能：看手相、拉二胡、寫作、唱歌、乞討（雖然還未試過）、開牽引機、開大卡車、開公司、炒股票、集郵、在雲南邊境辨析石頭和翡翠。當我身處逆境時，我相信自己比別人有更多的生存機會。

有這樣一個故事：一個人在尚未進入大學之前，他想為自己安排一趟海外學習之旅。他背著背包，帶著少許的錢，來到一個非洲不知名的小島上。這個小島擁有淳樸的民風、自然的景致，讓人心曠神怡。離開前，他想為自己買些紀念品。於是他用十美金買了一大袋咖啡豆。因為一些意外，他的錢不見了。他身上只剩下這一袋咖啡豆。他居然靠著販賣這袋咖啡豆遊遍歐洲！所以，他決定暫緩自己的學業，專心地開發咖啡豆的事業，現在他已成為世界知名的咖啡商人。

一個平凡的上班族麥克・英泰爾（Mike McIntyre），三十七歲那年做了一個瘋狂的決定，放棄他薪水優渥的記者工作，把身上僅有的三塊多美元給了街角的流浪漢，只帶著乾淨的內衣褲，從陽光明媚的加州，靠著搭便車與陌生人的仁慈，橫越美國。

他的目的地是美國東海岸北卡羅萊納州的恐怖角。

這只是他精神快崩潰時所做的一個倉促決定。某個午後他忽然哭了，因為他問了自己一個問題：如果有人通知我今天死期到了，我會後悔嗎？答案竟是那麼肯定。雖然他有不錯的工作，有美麗的同居女友，但他發現自己這輩子從來沒有下過什麼賭注，平順的人生從沒有高峰與谷底。

他為自己懦弱的上半生而哭。

一念之間，他選擇了北卡羅萊納州的恐怖角做為最終目的地，藉以象徵他征服生命中所有恐懼的決心。

他檢討自己，很誠實地為自己的恐懼開出一張清單：從小時候他就怕保母、怕郵差、怕鳥、怕貓、怕蛇、怕蝙蝠、怕黑暗、怕大海、怕城市、怕荒野、怕熱鬧又怕孤獨、怕失敗又怕成功、怕精神崩潰……他無所不怕，卻似乎「英勇」地當了記者。

這個懦弱的三十七歲男人上路前竟還接到老奶奶的紙條：「你一定會在路上被人強暴。」但他成功了，四千多英里路，七十八頓餐，仰賴八十二個陌生的仁慈。

沒有接受過任何金錢的餽贈；在雷雨交加中睡在潮濕的睡袋裡；幾個像公路分屍案殺手或搶匪的傢伙使他心驚膽顫；在遊民之家靠打工換取住宿；住過幾個陌生的家庭；碰到過患有精神病的好心人。他終於來到恐怖角，接到女友寄給他的提款卡（他看見那個包裹時恨不得跳上櫃檯擁抱郵局職員）。他不是為了證明金錢無用，只是用這種正常人難以忍受的艱辛旅程來使自己面對所有恐懼。

恐怖角到了，但恐怖角並不恐怖。原來「恐怖角」這個名稱，是由一位十六世紀的探險家所命名，本來稱為「Cape Faire」，被訛寫為「Cape Fear」。

麥克・英泰爾終於明白：「這名字的不當，就像我自己的恐懼一樣。我現在明白自己一直害怕做錯事，我最大的恥辱不是恐懼殘廢，而是恐懼生命。」

花了六個星期的時間，到了一個和自己想像無關的地方，他得到了什麼？

得到的不是目的，而是過程，雖然苦，雖然絕不會想要再來一次，但卻成為回憶中甜美的信心之旅，彷如人生。

也許我們會發現，努力了半天到達的目的地，只是一個「失誤」。

但只要那是我們自己心甘情願走過的路，就不算白走。

嘗試去做自己應該做的事情，並告訴自己，這件事必會使你成長。

不帶一分錢或帶很少的錢出門，逼著自己打破傳統思路，嘗試一些你從來沒有遇到過的事物。以往，你的吃、住、行都離不開金錢，現在失去了經濟保障，你要用什麼辦法使自己吃飽、睡好、有力氣走路呢？

檢驗自己的生存能力，固然要檢驗自己吃苦耐勞的能力，但你不可能長期生活在一個極惡劣的環境裡，人要有起碼像人的生活。沒有錢，你只能向他人請求、索取。所謂生存能力也包含這方面的能力，在此同時，你也可以藉由自己的勞動生存，所以，一定要盡可能地掌握謀生的技藝，這樣即使在最困難的環境中，也足以養活自己，維持生存。

到陌生的環境中去自食其力，這是人們檢驗自己生存能力的一種好方式，其意義絕不在於讓你能夠承受住飢餓、寒冷的考驗。更重要的是，從中學到與人打交道的本事，這種本事也是生存能力的一部分。

旅行中，除去吃、住、行，你還會遇見許多陌生人，從接觸人的廣度和深度來講，即使不是你今生中絕無僅有的，也是最重要的一次。

在動物界，狼是一種非常聰明的動物。如果讓單隻狗與單隻狼搏鬥，輸的肯定是狗。雖然狗與狼是近親，牠們的體型也難分伯仲，但為什麼輸的總是狗呢？因為經過人類長期豢養的狗，不必面對生存的危機，其腦容量大小比狼小，而生長在野外的狼，為了生存，牠們的大腦被很好地開發運用，不但非常有創造性，而且有著異常的生存智慧。

事物的法則，永遠是用進廢退。這是顛撲不破的真理。動物如此，人類又何嘗不是如

此。一個人，想在異常激烈的社會競爭中不被淘汰，還是必須面對一點生存危機，這樣，我們隨時可以未雨綢繆，主動出擊。多一點生存的技能與智慧，對未來就多幾分機會與把握。萬事皆有惰性，一旦條件優越，就難免不思進取。

4 至少相信一次緣分

那天，獨自到北京出差的我接到網友小美眉的訊息，並在一眨眼間她就出現在我的面前。

她是清華大學MBA的準教授，聞名世界的企業策略專家，叱咤風雲的國際公關顧問公司的總裁，更是個嬌滴滴，有著模特兒身材的時尚女孩。

我正為一個大型行銷案及北京新公司的定位發愁，便誠懇請教。她條理分明，一點點指引。我一會兒覺得自己是一個幼稚園學生，一會兒明白自己是世界上最差勁的老闆，一會兒像在烏漆漆的山洞裡摸索了三天三夜忽然見到閃亮炫目的洞口……

課間休息時，聊起了她的感情生活。我這才發現，如此理性的她也具有所有女性共同的特徵，在處理感情問題上都顯得茫然無助。尤其是，不明白姻緣的玄機。於是，我整理好自信，講了一個關於緣分的故事給她聽……

從前有個書生，和未婚妻約好在某年某月某日結婚。到那一天，未婚妻卻嫁給了別人，書生受此打擊，一病不起。家人用盡各種辦法都無能為力，眼看書生已經奄奄一息。

這時，路過一名僧人，得知情況，決定點化一下他。僧人到他床前，從懷裡摸出一面鏡子叫書生看。書生看到茫茫大海，一名遇害的女子赤身躺在海灘上。

路過一人，看一眼，搖了搖頭，走了……

又路過一人，將衣服脫下，為女屍蓋上，走了……

再路過一人，過去，挖個坑，小心翼翼地把屍體掩埋了……

疑惑間，畫面切換。書生看到自己的未婚妻。洞房花燭，被她丈夫掀起蓋頭的瞬間……

書生不明所以。

僧人解釋道：那具海灘上的女屍，就是你未婚妻的前世，你是第2個路過的人，曾給過她一件衣服。她今生和你相戀，只為還你一個情。但是她最終要報答一生一世的人，是最後那個把她掩埋的人，就是他現在的丈夫。書生大悟，唰地從床上坐起，病癒！

十年前，一位朋友初戀情人去世時，他痛不欲生，我便找來這故事開導他，讓他釋懷不少。也許，她來到這個世界上，就是為了還我朋友一片情吧！她做完了她想做的事，就走了。

之後，我都用這個故事開導身邊的朋友。緣這個東西，是最不可思議的。電影《不見不散》的主題曲，這樣唱道：「這世界說大就大，說小就小，就算是我們今生的約定，也要用一生去尋找……」

我們都在參加一場盛大的化裝舞會，熙熙攘攘的人群裡，我們尋覓著，渴望著那指間相觸時電擊的感覺。那一刻，面具摘下後，顯現出真實的面目。

這之前，我們都十分惶恐，惶恐得甚至不知道自己需要的究竟是什麼。直到你遇到一個人，才恍然間瞭解了自己。真正想要的，並非當初以為的。你驚訝於自己在對方面前表現出來的，竟然是和過去截然不同的你，只因你過去戴著面具。

緣分這種東西無法強求。該你的，早晚是你的；不該你的，怎麼努力也得不到。

但無論任何時候，我們都不要絕望，不要放棄自己對真、善、美的愛情追求。

人生的價值，在某種意義上講，就是愛和被愛的成熟。

當真愛來臨，結果也就成熟了。

隨緣……

隨意……

隨遇……

隨喜……

5 在街頭看眾生百態

一位詩人曾說：人生中重要的往往是迂迴的羊腸小徑，而非直達目標的陽光大道。的確，人生的幸福和歡樂就蘊藏於平凡生活的細微處，當你饒有興致地站在街道邊望街景，當你偶然間迷路，當你在旅途中繞路而行……你就會發現美妙的人生景致，以及最美好的自己。

前天，在廣州街頭，我斜坐在花台旁，叼著菸，看到了一些有趣的景象……

一個留長髮的摟著另一個留長髮的，一路走得很瀟灑。走近了才能分辨清楚，左邊是女的，右邊是男的。

一個女大學生穿著T恤、牛仔褲，胸口有三個大紅的英文字「I LOVE YOU」。迎面而來一個大鼻子的高個子，襯衫上寫著「WELL」。兩人擦肩而過，相視一笑。

一個摩托車騎士在搶黃燈時掉落了黃色的安全帽。他的後座置物籃中有一本半脫書皮的黃色小說。

一隻小哈巴狗牽著牠的主人走，主人又牽著主婦，主婦牽著三歲的小男孩。

一個賣蛋餅的小攤子上，一個六個月大的嬰兒被背在母親的背兜裡，他的雙頰是更嫩、更甜的蛋餅。

一個騎自行車的少年，約莫十四、五歲，順便伸出左腳來，踢飛了一個滾過身邊的小皮球。

一隻蜜蜂在紅綠燈前慌了手腳，迷失方向，只好暫時歇在交通警察的頭盔上。

一位母親推著嬰兒車在人群中前進。那小嬰兒順手把口水抹在旁邊的一位阿姨身上。大人們沒有察覺，小嬰兒自顧自地笑了。

賣臭豆腐的推著攤子，搖著鈴，大模大樣地過街，一位打扮時尚的小姐掩鼻而過，瞪了他一眼，一位大腹便便的商人卻露出金牙笑了。

大拍賣的叫聲把擁擠的街道逼得更狹窄：「買一送一，送一買……」

「號外，號外！」一個報童飛奔而呼。好像是關於神舟5號的新聞，一個教師模樣的中年人已經伸出手，把一元硬幣交給報童。

你是個觀察家嗎？假如你坐在餐廳或購物中心的長凳上，你會為所見到的人、事、物編織故事嗎？

你可以肯定地說，你一定曾有這樣的經歷。我不是要教你偷窺別人的隱私，而是在教你

如何觀察、如何編故事，好讓生活裡多點想像空間、多點樂趣。

假如你在計畫一次旅行，可以去任何想要去的地方，花多少時間都沒關係，那麼你會選擇最快、最短、最好走的路，盡量減少逗留其間的時間，因為提前抵達目的地而感到高興嗎？你抑或會選擇鄉村小徑，在農村小店和各個景點駐足，不管這趟旅程會花你三個小時還是三天？

假如你不小心迷路了，在最初的迷亂過後，你會不會覺得開心不已？在五光十色的街燈照耀著的小廣場上，你邂逅了一些人，你也許會得到一點東西：一雙手套、一枝玫瑰、一張紙、一次微笑、一顆星光……然而，構成生活的除了這些東西外，還有什麼呢？

人們之所以會如此怪異，是因為他們身上會散發令人欣喜的獨特風格，而這些是在別人身上看不到的。這獨特的風格是從何而來的呢？每個人都會面臨生活的挑戰，而生活裡又有歡樂，又有幸福，就是這些人間悲喜編織成這種風格。

從這肉眼可見的風格裡去推論他們是什麼樣的人、經歷過什麼樣的事，你不僅可以體會眾生百態，還會被生之樂趣深深地感染，更會使你覺得這是生活的一部分，和不同類型的人接觸，是多麼有趣啊！

6 兩個人的Häagen-Dazs

在廣州淘金路的Häagen-Dazs店裡，我和女友度過了一個平淡而甜蜜的夜晚。買單時，女友欣然掏出了Häagen-Dazs的金卡。這個金卡可是在上海、廣州、北京等地消費了六十多次才能擁有的。

第一次聽說Häagen-Dazs，是在安妮寶貝的小說裡，有一種抑鬱、病態而又綺麗的美，就像她的文字。第一次聽到Häagen-Dazs的故事，也是女友講的（女友比我時尚得多，我的許多圖書選題，也來自於她給我的靈感）。她說：Häagen-Dazs牛奶來自義大利，香草來自馬達加斯加，咖啡來自巴西，巧克力來自比利時，堅果來自夏威夷……可是在很長一段時間裡，Häagen-Dazs卻遲遲無法推出草莓冰淇淋這種口味。知道為什麼嗎？因為找不到一種草莓可以在零下三十度的情況下還可以保持原味。最後，終於在俄勒岡找到了這種草莓。

Häagen-Dazs冰品的品牌已經具有一定知名度，尤其在北京、上海、廣州這樣的大城市裡，人們閒著沒事像泡星巴克一樣，來一根或者一桶Häagen-Dazs找點情調是很平常的事，

尤為媚俗的是那些年輕的女生經常會對男生說：「愛我就請我吃Häagen-Dazs。」以往小孩子要吃一種東西大人不買給他可以有種種理由，女朋友雖然不比小朋友可愛，但她神志健全，她想要吃Häagen-Dazs時，你是萬萬沒有能力騙或者哄得了她的。於是，Häagen-Dazs幾乎成為驗證愛情的靈驗之物。

現代西方經濟學認為：決定商品價值的不是什麼無差別的人類勞動，而是稀少，是這種商品的邊際效用。沒想到這一理論在Häagen-Dazs身上得到了完美的驗證：「愛她，就請她吃Häagen-Dazs」，一句話將「飲食男女」的內涵一網打盡。我有時在想，Häagen-Dazs是為了愛情而專門發明的。因為它就像愛情，有甜蜜也有冰冷的時候，有入口後的融化，也有刺激咽喉的微微疼痛。當你連吃個冰淇淋都要三思而後行，無論怎樣，怨恨總會在心底裡萌生，這時候還會有誰在乎它裡面的草莓是產自俄勒岡還是產自苗栗大湖？

數年前，女友在《希望》雜誌上看到了一篇關於上海Häagen-Dazs火鍋冰淇淋的文章，心馳神往。我恰好要去上海辦事，就帶她一起飛到上海。我去做事，她在南京路上找啊找，終於找到了雜誌上的那家店，一個人吃了一大鍋火鍋冰淇淋。

飛回廣州後，她便四處打探，終於在淘金路上發現了Häagen-Dazs。

離開Häagen-Dazs店，上了車，女友忽然問我：「你學完了佛法，是去做和尚，還是帶我去吃世界各地的Häagen-Dazs？」

我未及回答，車裡響起了李宗盛唱的《凡人歌》，裡面有幾句歌詞正好表達了我的意思：

既然不是仙，
難免有雜念；
道義放兩旁，
把情字擺中間。

7 聽聽億萬富翁的素食主義

全球五百強之一的AT&T公司亞太地區前總裁溫先生今天到我們公司視察。他現在是一個擁有數億資產的香港出版公司董事長，一位慈眉善目的中年人。

中午由我做東，請他吃飯。億萬富翁要吃什麼呢？我有些茫然。珠海雖然頗多山珍海味，但要讓溫董吃得滿意，究竟需要怎樣的排場？

誰料溫董輕言輕語：「方便的話，我就吃素！」於是，我們進了怡景灣大酒店旁的西餐廳。

溫董、劉先生、我及女友一行四人，點了四份商務套餐。我們的三份，有葷有素；溫董的那份，還真是全素。

席間，我向溫董請教吃素的益處。溫董的一番素食理論，聽得我心服口服……

一談到吃素，就會被許多人問及「修行」的事，總是被弄得很茫然，不知道應該怎麼回答，每每想起前一段時間的一次對話，只涉及到一些簡單原則，比談「修行」容易多了。

起因是去日本交流，這天中午他們知道我是素食者。
「你什麼都不吃嗎？」每個人都忙著勸別人吃，有人客氣的問。
「我剛才吃了一個蘋果。」我禮貌的回答。
「他是一位素食者。」我的同事放了個炸彈。客氣的寒暄顯然不如這個話題有趣，大家如同看斑馬一樣一起盯著我。
「你信仰什麼宗教嗎？」為什麼每次都要問同樣的問題。
「沒那麼複雜，只是生活方式略有不同。我的原則很簡單，盡量不傷害別人。」
「可是動物不是人！」
「我們喝著牛奶長大，牠辛苦種田讓我們吃，當牠哭著求你不要殺牠和牠的小孩，你是否下得了手？你是否忍心？小時候大家都玩過老鷹捉小雞的遊戲，那表示牠們的母親不希望牠的小孩受到傷害。牠們打不過你。但你不會利用你的強大去欺負別人吧！」
「那你肯定反對我們吃肉。」
「我不會把刀架在你脖子上，這也是一個簡單的原則，如果你喜歡吃蘋果我逼著你吃梨，那也是暴力。你快樂著你的快樂，我幸福著我的幸福，於是天下太平。只是你要瞭解自己在做什麼，結果是什麼，並且肯承擔，那你有權選擇你想要的生活，不一定要和我一樣。」

「可是你不傷害別人，別人也會傷害你。」

「你總不能因為別人偷了你的自行車你就去偷別人的自行車吧！」

「養那麼多雞不就是給人吃的嗎？」

「好像在南北戰爭時期就有人說：黑人天生就是奴隸，他們的兒子、兒子的兒子天生就是奴隸。」

「我很佩服你，面對這麼多美食能忍得住。」

「我不會虐待自己。它們對我沒有吸引力，我不需要忍耐啦！我剛才已經吃了一個蘋果，香甜而且多汁，（席間已經有人為我點了一盒牛奶），瞧！我還有牛奶，並且每個人都很關心我是否夠吃，夠營養，小小的善意得到了很多回報，這世界真的很公平。」

「你真的適合信仰宗教。」

「這跟宗教沒有關係，只是一些簡單的原則，我不會啃著雞腿跟我的兒子說動物是我們的朋友，這樣做的結果是他不僅沒有學會仁慈反而學會撒謊，因為你心口不一。有很多事情是我們在幼稚園裡就學過的，比如說：大家都是好朋友、撒謊不是好孩子、自己的事情自己做、有禮貌、幫助別人、好好學習、天天努力向上、講衛生、愛勞動……，這些都是極其簡單的原則，就是要認真地去做。總不能長大了還不如一個小孩……

時間久了，很多對話記不住了，不外乎把這些簡單原則應用到生活和工作上，但是這些被重新提及的簡單原則已經跨越午餐成為延續到下午的話題，也許還會延續到他們的生活中。許多人連小孩會的事都不會做，小孩懂的事都不懂，卻談論著這個經典、那個法門，不知道愛的人滿嘴都是感動，自私的人卻在談著奉獻。我真的不知道什麼是「修行」，那麼複雜的事還是交給那些「大修行的人」吧！讓我簡單的活著，多做事少說話，這也是一個簡單的原則。

我為什麼成了素食者？

當您真正瞭解肉類是污穢不潔，又具傳染病的屍首時，您能面無懼色的狼吞虎嚥嗎？在我逐漸棄肉而吃素的過程中，我沒做過任何所謂的「犧牲」，所有食物沒有勉強放棄過。我雖相信，人在生活中善自保重身體，是信仰的一部分，但我個人在棄絕肉食中，與信仰毫無關聯。

我不吃任何肉食和任何維他命，也健康地活了半輩子。我在美國旅行多次，常在餐館和別人家中吃飯，桌上雖也有肉類，但絲毫不曾影響我的飲食與情緒。棄肉吃素的經過，未曾使我為難，也沒有勉強的感覺。讓我慢慢道來吧！

在旅行時，有一天吃肝臟，咬了兩三口，覺得味道不對勁，再用刀子一切，真把我嚇了一跳，膿包裡竟有一窩小蟲，早已煮熟了。從那天起，每次看見肝，我就反胃。

我本來最愛吃碎牛排，就是利用絞肉機絞碎的。聽別人說，商人常參雜各種劣等的零碎物，所以每次我都親自挑選一塊漂亮的牛肉，讓他當面絞碎。我覺得這樣做很精明。

有一天，我發現自己並不精明。因為排在前面的一位老兄，等著絞他的豬肉。同一個絞肉機，既不消毒，也不洗，它內部的構造我更清楚。這時我才領悟到前面的人留下半磅豬肉給我，而我的半磅混合肉要留給後面的那位顧客。從此，碎牛排再也不能引起我的胃口了。

我雖不再吃碎牛排，但是牛肉仍是我所喜愛的，直到一件事震撼我，才使我全然斷絕牛肉！

事情是這樣的，我的鄰居從牛群中挑了一隻最棒的母牛，供應自己的牛奶。某天，衛生局來檢驗，說母牛有結核病，應予銷毀。鄰居說他不相信，置之不理，後來，另外的檢驗員又來檢查，報告的情況相同。

我的鄰居仍不肯相信，他勉強把牛送往一個較大的屠宰場，獲得許可，可以觀看宰殺過程。出現在他眼前的，是一整葉被結核菌蝕爛了的肺！回到家裡，他極為煩惱。他獲得的那筆代價還不錯，比等量的肥料價錢貴多了。但是，他一直在想，那隻牛身上的其他部分，是不是健康無病菌呢？是不是可以食用？

此事過後不久，我帶著班上的學生去遠足，路過該屠宰場，大家看著各種動物的屍體，在吊車和輸送帶上運送著。我就問那位當嚮導的政府驗肉員：「請問老兄，如果一頭牛得結核病，一整葉肺都爛掉了，您們怎樣處理呢？」

「我也請問你，你的蘋果上有個爛斑，你怎麼辦？你還不是把它削掉，然後吃下去嗎？我們也是一樣這麼做。」我注意到學生們臉上吃驚的表情。上次我曾向他們講過那隻病牛的故事。等出了屠宰場，我問他們削蘋果和割牛肉是否相同？

「不同，開玩笑！」異口同聲地否定著。他們說：「病肺的血液會流到全身。」於是我又向他們指出另外的不同點：動物的病菌會寄生在我們的人身上，而蘋果的黴菌只會活在果菜上面，再者，它也不會周流全身。就算把蘋果的爛疤吃下去，也不至於害病。

這樣一來，過去使我討厭的某些肉食，越發使我討厭了。

雞場裡，那些垂頭喪氣、屁股潮濕的劣等雞都進了市場、加工廠。

過去我愛吃雞。但參觀附近的一個養雞場之後，這方面的食慾也沒有了。我看到，養雞人天天巡視雞房，把病雞和少下蛋的雞挑出來，送去市場。那些垂頭喪氣、屁股潮濕的傢伙，都進了加工廠。使我吃驚的是，至少在那時候，根本就沒有任何檢驗工作。胃好像告訴我，別再把死雞送進我的胃裡去了！

看見報上的一幅圖畫，一口燒熱的油鍋中弓身著一條鱔魚。圖畫的插圖大意是說，下油鍋的鱔魚極力弓起身體，廚師不解，拿出鱔魚用刀剖之，才知其腹內懷有一條小鱔魚，牠是為了保護腹中的小生命，努力的弓起了腹部。

聽友人講起一件他目睹很悲慘的事。一條有黑緞般光亮皮毛的公狗，離開剛生下狗寶寶的花狗準備到街對面不遠處的一家肉食小店撿一些骨頭。大概是被愛情及愛情的結晶沖昏腦，它從北向南穿過十字路口時，沒注意到一輛小客車正從東邊風馳電掣般開來，「哐！」的一聲，被車撞了個正著。車子幾乎沒有減速，就開走了。車子剛剛離開，狗在車子噴出的廢煙中，一個翻身站起來，拔腿往肉食店跑去。在牠被撞倒的路中間，有灘紅色的血慢慢向四周流動和凝固，像一個心的形狀。血中間漂浮著幾根黑亮的毛。

黑狗迅速地跑到小鋪子，用嘴撿起一根粗大帶肉的骨頭，轉身又飛也似地奔回牠的花狗和狗寶寶的身旁，並將撿來的食物餵給牠們。這些行為在不過十分鐘內全部完成，而且，當牠把撿到的骨頭轉給花狗時，牠便無力地垂死般倒在了花狗的身旁。誰也想不到，從路上站起來跑掉時，身手敏捷的黑狗怎麼會在一瞬間死去。

友人說，黑狗將骨頭轉給花狗時，牠聽清了牠們相互間那種類似安慰的，喃喃的低語。與牠們的聲音不同的是，牠們的眼睛都充滿了深深的哀痛、悲傷。尤其是黑狗的眼睛，似乎是含著淚光，充滿對生命的留戀，牠那麼固執地看著自己的愛侶，看著自己的孩子，連眼睛都不轉一下。那種目光，即使鐵石心腸的人看了都會心顫。

我還知道，幾年前冰島政府否決了原本擬定再次允許捕鯨的計畫，原因是「找不到能使鯨魚迅速了結痛苦的捕鯨槍」。

在引起我們興趣的事件日益增多且愈加刺激的今天，珍愛生命這件事顯得老生常談。然而，假如當閱讀黑狗含淚的眼睛，鱔魚竭力弓起的身體，以及聽到冰島政府人道尊重生命的決定，心不猛烈地跳動，並向生命致以你最誠懇的敬禮，那麼，活著便失去它最本質的快樂。不是嗎？

我在這樣一個陰鬱的漫長午後，開著車行駛在珠海的情侶路上，一遍一遍地回想溫董的話和這三個與生命相關的片段，它們就像掛在屋簷下風乾的蘿蔔條，讓你記憶生命曾經是那麼飽滿，豐潤和微光閃爍。而珍愛生命，就像用泉水去浸泡蘿蔔乾，無論是哪一種形式的浸泡，都會讓人看見生命恢復原狀的過程，一種世間最耐人尋味的過程，一粒種子到開放花朵的過程。

聽了溫董的一席話，我暗下決心，一定要成為一個素食者。

8 從忙碌的世界裡往外看

回了一趟武漢，打電話給一位舊同學。

「喂！有空出來喝茶嗎？」

「啊！我五分鐘後要開會。」

又回了一趟武漢，再跟他聯絡。

「啊！我五分鐘後就要去飛機場。」他很忙。

到底是個人物，這類大忙人連吃飯、穿衣、洗臉、刮個鬍子，也必須以百米賽跑的速度來進行。

現代人的生活真的很忙。不是忙著做什麼，而是被忙碌糾纏著。他們邊走路邊打電話，身在天南，心在地北，眼前的路面，周圍的行人，皆視而不見，腳步跟著情緒走；開車時一手握方向盤，一手握手機，跟著對方的話題大驚小呼，心思就是不在路面上。如果你看見一輛車子老是蛇形，駕駛人一定在打電話。

幾位朋友在餐館聚會，起筷時有人的口袋叫了；為了不打擾別人，他拿著手機站到餐館門外去。在座的人，還有什麼味道可言？不知從什麼時候起，廣東「星海音樂劇院」開始表演時，工作人員必須在幕前宣佈，表演期間，請大家關掉手機。到幕間休息時，就會有人掏出電話，喂，喂喂！多少事情解決只在分秒間。你在街上遇見一個熟人，還好嗎？很久不見了。剛好那時候嘟嘟幾聲，啊，對不起！你還好意思站下去？好吧，下一回再見！

逢年過節，網路拜年，寄上一張賀卡。不過人家只給你網址，然後發個簡訊，你自己到網站去看。賀卡出來了，你只能在螢光幕上看看。如果你想印出來，放到書桌上，請自便。這樣的一張賀卡，你可願意收？你早晨駕車到飛機場，將汽車存放在停車場裡，由北京出發到上海，晚上回北京，再從機場上駕車回家。你在波音777上吃速食，在小轎車裡簽合約，進洗手間時順便抽幾口菸。睡眠時你吃安眠藥，工作時喝濃咖啡、喝提神飲料。你在家裡吃泡麵，煮一分鐘太長，三十秒還差強人意。科技帶來的效率、速度，不曾使人的生活變得悠閒，反而越快越想加快，沒有一分鐘可以浪費，沒有一分鐘可以轉圈，可以臨時改變一下計畫。多少事情必須在五分鐘以內解決。

我們天天講的是進步，是科技，是新發現。最新的天文發現是，宇宙的年齡不是一百五十億年，而是一百三十億年。而一百三十億年之前，又有些什麼東西呀？這點我們將來一定會知道。我們還有什麼不知道的？除了人類自己。我們的知識每天增加，視野每

天擴大，野心也每天增大。高科技使我們從工業時代進入資訊時代，大家高高興興跟著潮流走，樂於接受它帶來的生活方式，卻不太思考它帶給我們的衝擊。自以為從舊有的桎梏中鬆綁，卻不自知已落入更為繁複的程式世界當中。

衛星、電視、手機、網路、報刊雜誌時刻追隨左右，據說，現代人在一天裡得到的訊息，超過上幾輩人在一千年裡所得到的。那麼，一個現代人，一輩子腦子裡到底要儲藏多少訊息？

訊息氾濫的結果，見怪不怪，人越來越麻木。歌德稱之為「內心城堡」的精神世界面臨危機。獨立思考受影響、受約束。人的情感，靈敏度日益減少，人，再不是一個真摯的、富於情感的人，我們變得冷漠、暴躁、寡情，凡事從物質功利著眼。思想意識的變形，使創造的東西也失去姿態。我們的文學缺乏美感、真摯，缺乏傳統的西方價值觀念，也缺乏東方的靈性和智慧。我們的藝術品一味大堆頭，簡單、醜陋、譁眾取寵，它們不跟你對話，只給你壓迫感。你走在北京街頭，只見到處擠滿超高的摩天大樓，城市夜間燈火如煉獄，三環公路動輒數十公里的大塞車。我們的社會是高科技和商業壟斷的社會，個人與壟斷，個人的真情本性與物質的沉重……

電視新聞令人喪氣：911事件，學校的孩子輪姦女老師，大富豪在家中被謀殺，還有地震、水災、飢荒……人被訊息包圍，被社會的不幸淹沒，被各種事件挾帶著。我們的腦子塞滿了這類訊息，連夢想也變得缺乏靈魂，如馬爾羅所說，我們的夢想是「性和血的夢想」。我們對未來失去憧憬，失去信心，失去安全感。我們相信後代子孫的科技更加進步，社會更加發達，生活方式更異想天開，卻不相信他們比我們活得更悠閒自在、更安樂、更美好，以《私人日記》一書聞名的十九世紀瑞士作家艾米爾（H.F.Amiel）曾經說：「一千種事物前進了，九百九十九種事物後退了，這就是進步。」

現代人忙，為生活忙，也為休閒忙，「閒似忙，蝴蝶紛紛過粉牆」。有這麼一天，你向一位年輕人提議，假日何不一起到河邊垂釣，人家只是笑而不答。年輕人現在時興電子遊戲，在網路上講笑話，聽MP3，到酒吧裡喝啤酒。垂釣？除非神經有毛病。富裕階層的人也有他們的時髦玩意兒：天南海北，飛來飛去。你不知道這類超級忙人，為的是打高爾夫球，是吃大閘蟹，是看畫展、聽音樂，或因為過度的空虛，而老想做點什麼，好以高度的忙碌來填補生活或心靈的空隙，他們一味熱衷於忙，竟在忙碌中迷失了自己。「忙似閒，白鷺飢時立小灘。」我們現代人，連白鷺的姿態也沒有了。

在此，我勸大家先拋開忙碌，思索一下我們為什麼活著？

活著實在是很美的事情。但我認為，人生在世，以活得心靈舒服為最美。當然，蘿蔔、芹菜，各有所愛，自然便各有各的堅持。生活中，有的盼掌權才舒服，有的要很多金錢才舒服……不論如何，大家都有選擇自己生活方式的權利，誰也無權干涉，然而在這滾滾紅

塵中，會有多少人認識生命的歡樂不在權勢與金錢，而在大自然的自由懷抱呢？於是，熙熙攘攘，絕大多數的手伸向權、色、名、利，不知暗演了多少醜戲，換來沾沾自喜、躊躇滿志……可是，也有另外一些人，在淡泊中堅持，在沸沸揚揚時沉默，在名利場外甘於寂寞，他們這樣活著也是一種追求，一種活出真正自我的追求。我崇敬這樣的人，我憧憬這樣一種境界。

生命只有一次，活著是一瞬間的事。世間的種種終必成空，成功和失敗、榮耀和失落、快樂與痛苦……都只是過眼雲煙，時辰一到，什麼也沒有了。那麼，人又何必對自己眼前得失斤斤計較呢？一切順其自然。無拘無束地生活，像楊柳隨風雨，如河水沿道流淌……人如果看到生活中的這一個層面，就不會覺得累，而且，無論自己做了多大的事，得到了多大的榮耀，掌握了多大的權力，嚐到了多大的甜頭……便再也不會有得意洋洋，目空一切的念頭和興致。

曾有很長一段日子，我愛去寺廟，那大肚羅漢，那繚繞香煙，那晨鐘暮鼓……都能帶給我很大的安慰。連在殿裡踱步，在寺門抬頭看天，也進入另一種境界。突然，我在深山古寺的壁上，看到明朝憨山大師的《醒世歌》，竟久久不動，立在夕陽西風中，緊握知音的手一般，讀出自己心靈的文字：

紅塵白浪兩茫茫，忍辱柔和是妙方。

到處隨緣延歲月，終身安分度時光。
春日才看楊柳綠，秋風又見菊花黃。
榮華原是三更夢，富貴還同九月霜。
休得爭強來取勝，百年渾是戲文場。
頃刻一聲鑼鼓歇，不知何處是家鄉。
唸著唸著，我在坐禪和尚的肅穆裡，在寺外林間傳來的鳥叫聲中，淚水盈盈了……

現在，每當閒暇時候，去群山中遊玩，聽山澗流水，深樹鳥鳴；看山花爛漫，綠草茵茵和白雲悠悠；與朝霞為伴，沒有風塵裡滾滾的狼煙，也沒有風風雨雨中的自誤他誤，一切自自然然。這實在是權力也換不來的享受，金錢也買不到的閒適。我認為，這才是各種舒服中一種最高級的舒服，也是一種最純淨的境界。

其實，人活在世上，沒什麼複雜的，心簡單了，就什麼都簡單了。心不忙了，也就沒什麼好忙的了。自由自在，無與倫比的自得其樂，生命的本來意義便也由此而誕生，找回在忙碌中迷失的自己。

9 帶著你的愛情遊珠海

如果有這樣一個城市，四季都有盛開的鮮花，有清新的空氣，有恬靜的生活，還有一片屬於情侶的海濱，你是否願意讓愛在這裡綻放？這就是珠海。

有人這樣描述愜意的珠海生活：「找一個陽光明媚的午後，最好是騎一輛自行車，然後把自己交給陌生的街巷，感受珠海『情侶路』上濃濃的人情味；看岸邊情侶們怡然自得地享受垂釣之樂；去荷包島探尋神祕意境；像孩子似的在沙灘上與海浪追逐嬉戲；餓了，在街邊喝一碗蛇粥，忘記都市節奏甚至時間，珠海的浪漫和柔情不經意地襲上身……」這樣的生活，真的像天堂般逍遙。

一條海濱「情侶路」當然不足以勾勒珠海——這座既古樸又稚拙，既溫情又躁動的城市，完全可以做為這個浪漫城市的標記。珠海人有多少風花雪月，這座城市的山水、街道、市花名稱、市樹名稱和城市標誌都足以說明。從京珠高速公里的終點進入特區邊檢站後，三十公里的濱海大道一直伸延到澳門關口，市區段就叫情侶路，婆娑棕櫚間雕塑了對對情侶；紫荊路、銀樺路、白蓮路、鳳凰山、犀牛望月山、梅溪、檸溪、竹仙洞水庫，香爐灣、飛沙灘、金海灘，香洲區、夏美村、翠微村，這些名稱可讓你盡情遐想；每一個人都說，這裡是最適合談情說愛的地方。

國慶愛情遊之一：走一輩子的情侶路。

珠海的情侶路早就成了招牌，它可能是世界上獨一無二的一條情侶路。這條路，在珠海市區東岸，伶仃洋畔，這條彎彎曲曲、纏纏綿綿的路似乎在向世人昭示珠海與眾不同的旅遊概念：情侶旅遊。

珠海的「情侶路」很長，一面靠山，一面對海，最適合「海誓山盟」。車未入珠海市區，沿海的路就可以算是情侶路。情人談情說愛的路，當然是越長越好，不過大多數人所指的情侶路，其實只是香爐灣附近珠海漁女一帶的堤路。

如果這條路沒有盡頭，你們還會一直互相陪伴走下去嗎？會的。

國慶愛情遊之二：夜色中享用以柴火燒煮的飯菜。

遠方來的戀人，國慶天氣好時，你倆可騎上協力車，沿海濱大道去銀坑游泳，唐家老祠堂拍拍照，吃老街開的小餐廳用柴火炒的菜、煨的叫化雞。夜色裡再穿過樹林和田園到金鼎的官塘村，找到專門做茶果（廣東對點心甜品的統稱）的佘家老屋，月光下坐在龍眼樹下，吃碗熱騰騰的手磨芝麻糊，談些知心的話。

國慶愛情遊之三：住在珍珠般的海島上滋養愛情。

在「百島之市」美稱的珠海，一百四十六個海島像綠色的珍珠撒在浩瀚的南海上，這是全國無一城市能比的優越資源。聲名遠播的，有文天祥「伶仃洋裡嘆伶仃」的伶仃島，以潛水和細沙聞名的東澳島，原始野性的荷包島，天然漁港桂山島，海上仙山九洲島，還有飛沙灘，金海灘等數不清的戲水好去處。

伶仃島在珠海眾多海島中尤以伶峰攬勝、香江海市等八景聞名遐邇。當地人稱為情侶路的映霞路繞過座座碩大怪異的石頭，像條巨龍環繞整個海島。沿著層層石階登高，樹木蔥龍的山巒襯著尤其碧藍的海水，遠遠香港的長洲島、太平山、青馬大橋若隱若現，恍如夢中的海市蜃樓。由於離香港很近，島上有許多造型優美的俄羅斯式度假別墅，碼頭停靠許多的港澳私家遊艇，海鮮排檔一字排開。這也是萬山區擔杆鎮府所在地，有市場，吃住條件較其他海島優越。島上四大名產——將軍帽（一種貝類）、狗爪（貼礁石長的海產）、海膽鮮甜無比，不可不嚐。夜裡可臨風垂釣，月下暢泳，漫步映霞路，枕著海濤入眠。

東澳島位於珠海與伶仃島之間，長長的南沙灣海灘沙質細白，水清浪大，是游泳衝浪之首選，且因水深而水質較好，適宜潛水。島上已有潛水設施和教練。因地處萬山群島中心，歷來是軍事重地，清雍正時這裡設有檢驗過往船隻的海關。爬上一千零八級臺階，穿越花果遍地的叢林探訪海關和軍事城堡遺址，別有趣味，島上有別墅和漁家旅社，接待能力有限，必須先預訂房間。

與其他海島相比，荷包島大且淡水資源非常豐富，旅遊開發較晚，清清的山溪在古藤纏繞的綠林裡嘩嘩流著，小小漁村恍若世外桃源，漁家姑娘在海邊織著漁網，羞怯地躲著遊人的相機。島上有好幾個優良的沙灘，只在最大的大南灣搭了排簡易鐵皮屋供遊人過夜，卻無賓館、酒店的造作，最適合背著睡袋、帳篷的年輕人登山、衝浪。海灘上搭起帳篷，燃起營火，跳舞喧鬧，盡情揮灑年輕的朝氣。營火暗了，情侶牽手悄悄迎向夜色的海濤，或躲進帳篷，在海浪裡竊竊私語，此情此景恐怕一輩子也忘不了。

桂山島是萬山鎮府所在地，也是珠海最大的海洋魚類養殖場。小鎮上到外瀰漫著海味，典型的漁村風貌。

九洲島離陸地最近，攜家帶口上島上燒烤、釣魚很方便。總之珠海的一切皆有如天造地設般，專為愛情準備。

10 你也能做一回幸運兒

我玩德州撲克已經好久了，在這麼長的時間裡，我一直相信技術這個詞。我瞭解德州撲克所有的理論，我看了不下百場經典的賽事，我覺得自己是一個高手，甚至我已經可以和別人比賽。為了驗證自己的實力，我決定和我老婆打一場兩個人的現金桌。

老婆是個很不愛學習的人，總喜歡投機取巧，她懂得所有的規則，卻從不認真研究。因此這場對決，我覺得自己必贏。但是讓我意想不到的是，每次我拿到超級好牌，或者是兩對A或者是三條，最後她總是能夠擊敗我。如果我是兩對，那麼牌面絕對會讓她成兩對或三條；如果我是三條，那麼牌面就會讓她成為同花。最後我輸了六萬多籌碼，鬱不高興的對老婆說：「沒見過運氣這麼好的！我怎麼這麼可憐！」

「哪是我運氣好啊，其實是我什麼都沒想而已。我知道自己水準有限，所以才不會苛求自己贏你，而你呢？害怕輸給我這麼一個什麼都不會的菜鳥，才那麼緊張，如此肯定放不開啊！」沒想到平常什麼都不想的老婆卻對我說了一番讓我茅塞頓開的話。是的，是我自己太在意每一場比賽的得失，才會將「運氣」這個詞做為自己失敗的原因，其實說穿了，只不過是不想面對現實罷了。

我們常常從某種程度上太過於依賴「運氣」，大多數的人都會有碰運氣的心理，其實在某種程度上人們把這歸結為「天意」。他們盼望著自身能得到上蒼的眷顧，會有好運氣降臨在自己身上，自己可以成為別人眼中的「幸運兒」。他們不知道的卻是人的命運一直是掌握在自己手中的，無一例外，過於依賴所謂的命數，只會讓自己陷入莫名的困頓中。

古人愚昧不清，因此才會有「天意弄人」這一說。下雨天，兩個人同時躲在樹下避雨，如果有其中一人被雷劈了，另一個想到的肯定是「這個人一定是做過什麼對不起老天爺的事，我可真幸運啊！一直對神明那麼尊敬。」其實他不知道的是，在下雨打雷的時候跑到樹下避雨是最不明智的，不過這不能怪他，因為當時的科技太落伍。而這個人所謂的「幸運」放到現在來說，也只不過是機率罷了。

沒有誰是「不幸」的人，因為你的精神生活，你的物質生活，你的身體狀況，你的各方面中，總能挑出一點來，比別人強，比他人好。以下所列的情況，你只要符合一點，那麼你就是「幸運」的了。

1．你身體健康，沒有疾病。

2．你從未經歷過戰爭的危險、牢獄的孤獨、酷刑的折磨和飢餓的滋味。

3．你的冰箱裡有食物，身上有衣服可穿，有房子可住及有床可睡。

4．你在銀行裡有存款，錢包裡有鈔票，盒子裡有零錢。

5．你父母雙全，沒有離異。

6．你還活著，並且生之為人。

好與壞，苦與樂，原只是人們內心不同的感受。因此有些人如果與「幸運」失之交臂，那絕對是他們的消極心態在作祟，如果對生活抱以積極樂觀的態度，你終會有所收穫。就如那個眾所周知關於「看法」的例子。

黃昏日落，夕陽西下，彩霞滿天，鋪天蓋地的金紅，竟是那般的絢爛多姿，風華絕代，好似拼盡了全力，要放出最後的一線光芒，在人們滿心感嘆她的絕美風采之時，卻突然落下，讓人來不及回味，來不及品嚐，徒留下滿腔的空虛，無法填滿。

夕陽天天有，無日盡相同！

同是這夕陽，有人看到的是遲暮之感，而有人看到的卻是明日的光華，萬事且在一念之間……

當然，生活中會有些時候總會時運不濟，這是人生旅途中的一段灰暗路程，人人都可能遇到，只不過有些人遭遇的時間短一些，有些人遭遇的時間長一些。

面對時運不濟，每個人都可以有兩種選擇，一種是怨天尤人，另一種就是活得更起勁，只要審時度勢，自強不息，總有一條很寬廣的路是為你準備的。

就像是有名的香港富豪李嘉誠，在他成為富豪之前，只不過是一個做塑膠花，默默無聞的無名小卒。而知名的真維斯服飾公司總裁楊釗兄弟兩人創業之初還是從大陸偷渡到香港去的。

他們的人生中都有不如意的時候，但並沒有追究所謂的「天意」，而是靠自己的雙手創造了一個嶄新的人生。人只有相信自己，才能得到所謂的「幸運」。

所以只有真心過生活，努力做自己，放下太多本不屬於自己的怨天尤人，那麼就會得到自己想要的「幸運」。

所以相信自己，用自己的雙手將自己打造成一個「幸運兒」吧！你會成為你想成為那樣的人！

11 念舊

偶爾收拾舊物時，你會發現有許多與舊日朋友相關的東西，舊照片、信件、放舊了的禮物……甚至包括書頁裡的舊卡片。書中灑滿了所有逝去的日子，你平靜如水的心在瞬間泛起波瀾。往日的回憶就像漫舞的雪花一樣四散開來，伸手接住一片，它會極快地融化，滲進手心裡，竟有一絲絲的暖意。

每個人都會有一段經歷，回顧起那甘苦自知的歲月，痛苦的就把它當作將來的印證，但若是快樂的，何不收藏起來做為慰藉心靈的雞湯？所有的過去都值得品味，都能由此去感受友情、真誠的關懷。學會去珍惜吧！為了不在人群中感到寂寞，也為了每個人都能快樂地工作、生活。

有一個富翁，年輕時家裡很窮，他的父母都是農民，從小生存在飢餓和窘迫之中。節日的花衣服、過年的壓歲錢、喜慶的爆竹、父母的呵護……這些屬於孩子的專利，都與他無緣。

最使他難忘並終生感恩的是玩伴們對他無私、真誠的幫助和呵護。只要玩伴手裡有兩顆糖果，肯定就會有他的一顆；玩伴手裡有一塊餅乾，肯定有他的一半。在貧窮和飢餓之中，還有什麼比這些東西更寶貴呢？

一眨眼三十年過去了。在這段時間裡，世界上的許多事情都變了模樣。此時，富翁步入中年。外出闖蕩的他已今非昔比。三十年的奔波勞碌，算計別人也被人算計，富翁一路風塵地走過來，成為一個穩健、精明、魅力非凡的企業家。有一天，少小離家的他動了思鄉之念，於是在一個豔陽高照的日子裡，富翁回到家鄉。當日，他走遍全村，感謝叔伯大爺、兄弟姐妹這些年來對父母的照顧，並為每家送了一份禮品。夜裡，富翁在自家的堂屋裡擺桌請客，赴宴者全是從小光著屁股的一塊兒長大的玩伴，他們自然也是四十多歲的中年人。

按當地的風俗，赴宴者都要帶禮品表示謝意。大家來的時候，都帶著禮品，有些還十分豐厚。富翁差人一一收下，準備宴席之後，請大家帶回。

正在大家熱熱鬧鬧、準備斟酒的時候，門開了，一個兒時舊友走進門來，他的手裡提著一瓶酒，連聲說：「對不起，我來晚了。」

大家都知道這個朋友日子過得很艱難，其情其境，一點也不亞於富翁兒時。富翁起身，接過朋友提來的酒，並把他拉到自己身邊的座位上坐下，朋友的眼裡閃過幾絲不易察覺的慌亂。

富翁親自舉杯，他舉著兒時舊友送來的酒瓶，說：「今天，我們就先喝這一瓶酒，如何？」一邊說，一邊給大家一一倒滿，然後他們一飲而盡。

「味道怎樣？」富翁問。所有赴宴者面面相覷，默不作聲。舊友更是面紅耳赤，低下了頭。

富翁瞧了全場一眼，沉吟片刻，慢慢地說：「這些年來，我走了很多地方，喝過各式各樣的酒，但是，沒有一種酒比今天的酒更好喝，更有味道，更讓我感動……」說著，站起身，拿起酒瓶，又一次一一給大家斟酒，「再乾一杯！」

喝完之後，富翁的眼睛濕潤了，朋友也情難自抑地流淚了。

他們喝的哪裡是酒，分明是一瓶水啊！

世界上還有比這更感人的場面嗎？還有比這更寶貴的東西嗎？朋友不以貧窮自卑，提一瓶水也要去看兒時的朋友；發跡的富翁不忘舊情，不以為忤，反而大受感動，情不自禁，以致淚下，這瓶「水酒」真的是含著重如泰山的真情啊！

在回憶中，往昔的快樂都是單純而真切的，衝突、不快樂的事卻最易模糊、最易消逝，正所謂少年不識愁滋味。當我們漸漸地長大，快樂變得越來越模糊，生活的負擔和責任卻越來越清晰，每個人心中的回憶和所有的故事也一同沉澱到心靈中封閉的角落。於是，在繁忙的生活中缺少了真誠的微笑，快樂漸漸地被所謂理性取代，一年又一年，日子似乎看不出有太大的不同。少了牽掛多了從容，自然而平和。有意無意中，往日的朋友也會漸漸地在記憶中遠去，甚至被遺忘，你也會認為他們同樣也將你忘記了。人們覺得越來越寂寞，即使在繁華的大街上，在喧鬧的人群中。

12 活在當下

馬斯洛說：「心若改變，你的態度跟著改變；態度改變，你的習慣跟著改變；習慣改變，你的性格跟著改變；性格改變，你的人生跟著改變……」

我們必須相信：目前我們所擁有的，不論順境、逆境，都是對我們最好的安排。若能如此，我們才能在順境中感恩，在逆境中依舊心存喜樂。

先聽聽喬治的故事吧！

今天喬治走進老闆的辦公室，老闆隨口問了一句：「過得怎麼樣？」

喬治答道：「到目前為止，今天是我最好的一天！」

忽然間，喬治引起老闆全部的注意力。他似乎為喬治的答案感到吃驚。

「你最好的一天？」他以一種詫異的口氣重新問道。

「是的。」喬治迅速並充滿信心地回答。

他又提了另一個問題：「喬治，你多大了？」

喬治告訴了他，他拿起桌上一張紙，邊寫邊嘀咕：「就是說，在過去的那些年裡你每年有三百六十五天。」最後，他算完了，又說道：「你已經活了兩萬一千一百七十天。然後你站在這裡告訴我說今天是目前為止，你最好的一天？」

「是的。」喬治再一次確認。

喬治能感覺到他並不相信自己所說的是真話。當然，喬治知道他相不相信並不重要，重要的是喬治相信自己。

老闆再問喬治：「為什麼你說今天是目前為止，你最好的一天？你結婚那天呢？難道不比今天更好嗎？」

喬治答道：「我一直而且將永遠記得我結婚那天，親愛的瑪麗琳是多麼快樂。我也記得第一個孩子出生的情景。我還記得那天雪橇斷了，我只好說些笑話給所愛的人聽。我還記得在唐氏甜點店喝奶昔，意識到自己還能做事。我記得給一隻眼睛看不見的小鴨子餵食的那天。我也記得我和兒子一塊兒爬上奧林匹亞山，欣賞這美麗的世界。我一直記得當我看見剛剛犁過的、黑色的、潮濕的、肥沃的泥土，等著我和福勞特播種、收穫的那天。我還記得在學年手冊上讀到學校裡最傳統的女孩寫得評語，說我是高年級最好的男孩子。我還記得有個女孩對我說她尊重我，而我告訴自己，我也尊重自己。我記得那天船長公正對待我。我記得海軍軍官說我不能參軍，而母親仁慈地告訴我說還有希望。我也記得其他兩萬多個美好的日子，每一天都成就了現在的生活。那些天裡，一定有許多天可以排在我好日子列表的前面，但沒有一天是最好的一天，它們中的任何一天都只能排第二。」

到目前為止，只有一天是最好的一天，那就是今天。在今天，我唱起「今天是我的，我最好的一天」。如果今天不是最好的一天，那我要靜靜地反思。我要在清晨、在一整天裡放聲歌唱，我的心靈會聽見：「他活著，消除我的恐懼；他活著，擦乾我的淚水；他活著，幫我做一切我所需要做的，以使今天成為到目前為止，我最好的一天。」我要謙恭地伴著上帝同行，對我所愛的人誠懇地說那些美好的事情。我要充滿信心，重新開始。我要從簡單的事如走路、給小動物餵食中得到樂趣，為大自然和自己的思想感到高興。我要尋找一座山，並一直爬到山頂，即使這座山並不是特別高。我要發現一塊剛剛開墾過的田地，播下我夢想的種子。我要友善地對待每個遇見的人，我要祈禱希望，為那些讓我感到絕望的事懺悔。我要停止做那些不能讓我擁有自尊的事。我要公正地對待別人，即使有時候非常困難。還有，我要有慈善之心，當我看見有人身處逆境時，我不會落井下石，而會盡全力幫助他們。

一天早餐後，有人請佛陀抽空指點。佛陀邀他進入內室，耐心聆聽此人滔滔不絕地談論自己存疑的各種課題達數分鐘，最後，佛陀舉手，此人立即住口，想要知道佛陀的指點。

「你吃了早餐嗎？」佛陀問道。

這人點點頭。

「你洗了早餐的碗嗎？」佛陀再問。

這人又點點頭，接著張口欲言。

佛陀在這人說話之前說道：「你有沒有把碗擦乾？」

「有的，有的。」此人不耐煩地回答，「現在祢可以為我解惑了嗎？」

「你已經有了答案。」佛陀回答，接著將他請出了門。

幾天之後，這人終於明白了佛陀點撥的道理。佛陀是提醒他要專注於眼前——必須全神貫注於當下，因為這才是真正的要點。

你曾經買了一件很喜歡的衣服卻捨不得穿，鄭重地供奉在大衣櫃裡，許久之後，當你再看見它的時候，卻發現它已經過時了。

你也曾經買了一塊漂亮的蛋糕卻捨不得吃，鄭重地把它供奉在冰箱裡，許久之後，當你再看見它的時候，卻發現它已經過期了。所以，你也這樣與它錯過。

沒有在最喜歡的時候穿在身上的衣服，沒有在最可口的時候品嚐的蛋糕，就像沒有在最想做的時候去做的事情，都是遺憾。

生命也有保存期限，想做的事該趁早去做。如果你只是把你的心願鄭重地供奉在心裡，卻未曾去實行，那麼唯一的結果就是與它錯過，一如那件過時的衣服，一如那塊過期的蛋

糕。

我們也總是漫不經心地經營我們的生活！我們總是等待反應而不做出行動，而讓做出來的事情不太完美！最重要的是，我們都沒有全力以赴地去做我們應該做的工作。

誠如法國思想家蒙田所說：「該舞就舞，該眠就眠。而當我獨自走過美麗的果園，如果思緒飄向遠處，我就會引導它們回到這次的散步、果園、孤寂的甜美，和我自己。」從現在開始，要把握、要珍惜身邊所有的人、事、物，認真經營你的生活，要學習活在當下。

13 遵守諾言

信守和尊重一個諾言，或許要比登一座山更難。

中國人自古就教導別人要講誠信、守諾言，我們五千多年的文明長河，因為信守諾言的美德，變得肅穆而深情，浪花滔滔，細數了無盡的往昔。

在這樣文化的薰陶下，遵守諾言不僅僅是個人的事情，而變成了一種文化的傳承。古語有云：一諾千金，有的時候我們在許下承諾的時候，也許並沒有想到這個諾言不實現會帶給別人怎樣的衝擊；有的時候，我們的承諾往往太快，沒有經過大腦，甚至脫口而出。可是實際情況往往是我們對別人的承諾沒有兌現，為別人帶來了極大的困擾。因此，我們在許下承諾的時候要盡量謹慎和小心，而且要盡量避免各種不利因素妨礙諾言的履行。一旦發現承諾真的沒有辦法履行時，我們要盡量的彌補，盡自己所能做的更好。我們一定要養成遵守承諾的良好習慣，我們自然會擁有別人的信任，自己也會因誠實守信而獲得大家的讚揚。

一個有份量的諾言，猶如一座有高度的山。可悲可嘆的是：我們許多人不時被困在山下。

請看這個女孩關於諾言的故事：

女孩曾遇上一個男生開口向她借錢，而且張口就是借兩塊錢，在當時，這相當於她兩個月的零用錢。她有些猶豫，因為人人都知道那男生家中很貧窮，他母親彷彿是個職業孕婦，每年都為他生一個弟弟或妹妹。她留給大家的形象不外乎兩種：一種是腹部隆起，行走蹣跚；另一種是剛生產完畢，額上紮著布條抱著新生嬰兒坐在家門口曬太陽。

她的為難令那男生難堪，他低下頭，說有急用，又說保證五天內歸還。她不知道怎麼拒絕他，只得把錢借給了他。

時間一天天過去，到了第五天，男生竟沒來上學。整個白天，她都在心裡責怪他，罵他不守信用，恍恍惚惚地總想哭。

夜裡快要睡覺時忽然聽到窗外有人叫她，打開窗，只見窗外站著那個男生，他的臉上淌著汗，雙手緊緊握著拳頭，啞著喉嚨說：「看我變戲法。」他把拳頭擱在窗臺上，然後突然鬆開，手心裡像開了花似地展開了兩元錢的紙幣。

她驚喜地叫了起來，他也快活地笑了，彷彿他們共同辦成了一件事，讓一塊懸著的石頭落了地。他反覆說：「我是從旱橋奔過來的。」

後來，從那男生的獲獎作文中知道，他當時借錢是急著給患低血糖的母親買葡萄糖，為了如期歸還借款，他天天夜裡到北站附近的旱橋下幫菜農推菜。第五個拂曉他終於賺足了兩元錢，累極了，不小心倒在橋洞中睡著了，沒料到竟酣睡了一個白天和黃昏。醒來後他開始狂奔，所有的路人都猜不透這個少年為何十萬火急地穿行在夜色中。

那是她和那男生的唯一的一次交往，但他給她留下的震撼卻是綿長深切的。以後再看到「優秀」、「守信用」之類的字眼，總會聯想到他，因為他身上奔騰一種感人的一諾千金的嚴謹。

那個男生後來據說果然成就了一番事業，也許他早已遺忘了發生在他們之間的這件事，可是她總覺得這是他走向成功的源頭。

遵守諾言為人的信用帶來無上的價值，這會在無形中形成一種力量，一種可以幫助你成功的力量。猶太人是十分注重諾言的，他們幾乎不怎麼簽訂合約，因為對他們來講口頭協定就是合約。他們一直遵守著這種約定，並且實踐著這種和別人訂下的約定，所以他們在商場上才能取得巨大的成功，這就是誠信的力量。諾言是神聖的，兩個互相訂約的人，都應該守護著彼此間的這種信任，這是人性的一種提升，讓我們在實現彼此的諾言中走下去，成為一個更值得信任的人。

14 到一個你一直想去的地方

一個人走過的路越多，他的生命就越精彩，這似乎印證了一句話：熟悉的地方沒有風景。一成不變的日子裡，不會再有令人感動的事物撲面而來；瑣碎的生活中，心底的熱情已找不到燃點。正如古代西方哲學家聖奧古斯丁曾說過的：「世界就像一本書，不去旅行的人只能讀到其中的一頁。」

當我已準備好用最優美的姿態飛翔，親愛的大自然，我即將開始我的旅程。這一生的時間，我能否走遍萬水千山……

當我的心中縈繞著朝聖的熱忱，神明的祖先，請允許我找到真知的泉源。這一生的時間，我能否謁遍世間奇觀……

當熟悉的風景事物盈於眼前，我夢中的香格里拉，你將在哪兒出現？這一生的時間，我能否看遍春月秋風，任紅塵滾滾，光陰荏苒……

時值假期，世界上到處都是從一地趕往另一地的旅客，他們顯然想在很少的時間內看到很多東西。如果是為了豐富話題，這樣做再好也不過了，因為提到許多地名可以輕易打開話題，可以佔據談話時間。但是，如果他們旅行是為了自己，為了真正見識一些東西，我就無法理解了。人們走馬看花看到的東西差別不大。一道山澗不過是一道山澗，以高速度周遊世界的人，倦遊回來的腦子裡保存的記憶不比他出發時豐富多少。

事物的豐富多彩體現於它們的細部。觀賞景物，應是瀏覽各個細部，在每一個細部上稍作停留，然後重新一瞥把握整體。我不知道別人能否很快做完上面這些事情，然後趕往另一個目標，我肯定做不到。

反之，人們參觀完某一個博物館或某一個旅行地點，事後留下的印象幾乎總是一片模糊，好像一幅線條不分明灰暗的風景畫。

按我的趣味，旅行應是一次中走一、兩哩路，不時停下來再次察看同一景物呈現的新面貌。我經常離開正道，到左邊或右邊小坐片刻。觀察的角度一變，一切跟著變化，而得到的收益勝過走一百公里路。

如果我從一條山澗走向另一條山澗，我找到的總是同一條山澗；如果從一塊岩石走向另一塊岩石，我每走一步，同一條山澗就會顯示不同的面貌；如果我回到一件已經見過的東西上，這件東西果真會比一件新的東西更加打動我，而且它確實會變成一件新的東西。問題僅在於選擇一種豐富多彩的景色，以免因為習以為常而無動於衷。不過應該進一步說，

隨著人們學會更仔細地觀察事物，平淡無奇的景色也蘊藏無窮的快樂。再進一步說，無論在什麼地方，人們都可以看到星空，這個美麗的深淵。

雖然為世俗所羈，我們不能走遍世界的每個角落，但我們可以做出個性化、富有魅力的選擇。讓每一次旅行都成為一次心靈的歷險、一次探索、一次歷史的追尋。在我們身居的世界中，有許多地方，靜靜地豎立在地平線上，這些地方的價值不在於其物質的豐盈，而在於其厚重的文化底蘊。走近這些一生至少應去一次的人間勝地，我們可以感受到靈魂的顫慄，被現代生活節奏所壓抑的心靈也會得到撫慰、安寧和滿足。

既然你選擇了目的地，就要學會接受那裡不同於原本習慣的事物。你離開家，不就是想尋找一個不同的世界嗎？為什麼不享受這種不同呢？

旅程是多麼令人精神振奮啊！每天都有新的世界在等著你，讓你去發現，去尋找：藝術、建築、富有情調的音樂舞蹈、變幻的風景，還有許多的新朋友，這是一種多麼刺激的生活方式！也許我們改變不了周圍的環境，但可以改變自己；我們改變不了過去，但可以改變現在；我們改變不了生命的長度，但可以改變生命的寬度。如果說人生是一段旅程，起點是生，終點是死，那麼，那種永不放棄的發現與尋找就是最美麗的過程。

15 掃掃地，淨淨心

網友伊比絜送我一幅圖片，是他親手拍的。靜謐、整潔、祥和的寺院內，一個和尚正在掃地。

據說這是放唐三藏頭骨的地方。但強烈吸引我的是院內、院外深邃的意境。在北京去鄭州的火車軟席上，我久久注視著筆記型電腦裡的這幅圖片，心靈得到一點點解脫。

圖中和尚手裡的掃帚是塑膠產品，現代的工藝，它讓我想起另一位老和尚。這位老和尚早已離開了塵世，然而在他生活過的那座小城裡，人們至今還經常談論著他的故事。

他的故事情節很簡單，就是掃地，一天至晚地掃地、掃地、掃地。所不同的是，老和尚用的是竹掃帚。

天濛濛亮的時候，他就開始在那裡掃地了。從寺內，掃到寺外，掃到大街上，掃出城門，一直掃出離城十幾哩，也許幾十哩以外。天天如此，月月如此，年年如此。

小城的年輕人，從小就看見這個老和尚在掃地；年輕人的父親從小也看見這個老和尚在

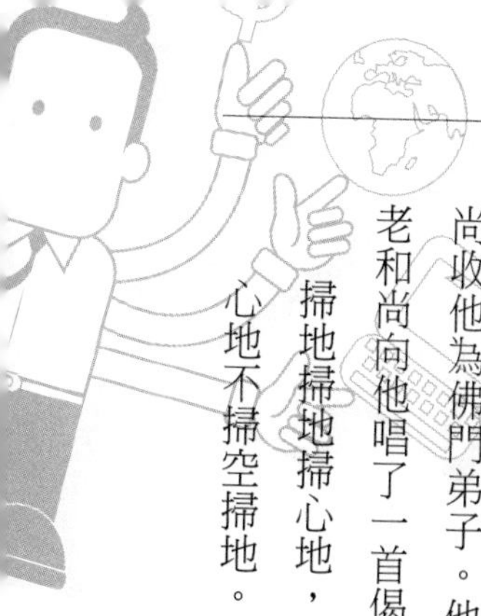

掃地；那些做了爺爺的，從小也看見這個老和尚在掃地。這個老和尚已經很老很老，老得慈眉祥目，像一尊羅漢。他好像老到一定的程度就穩定下來，不再發生變化。像是一株古老的松柏，不見它再抽枝發芽，卻也不再衰老了。

沒有人知道這位老和尚已經活了多少歲月，但是小城人卻記得他離去塵世的日期，是這位老和尚預先告知他的弟子的。到了這一天，他果然坐在蒲團上，安然圓寂。小城的俗眾也為他的得成正果誦經念佛，香煙繚繞著萬戶千家。

又過了若干年，這個小城的一位長者發現了那位老和尚確切的生卒年。在一個春暖花開的季節，長者閒步郊外，走過一座小橋，見橋石上刻著字，字跡大部分皆已經磨損，他仔細辨認，才知道石上鐫著的正是老和尚的傳記。文中說從老和尚遺留的度碟記載推算，他享年一百三十又七歲。自從盤古開天地，得享此高壽者不知有幾，稱之為佛祖臨世也不為過。

據說軍閥孫傳芳部隊中有一位將軍在這座小城紮營時，忽然起意要放下屠刀，懇求老和尚收他為佛門弟子。他甚至丟下他的兵不管，也拿著掃把，跟在老和尚的身後掃地。於是老和尚向他唱了一首偈，偈道：

掃地掃地掃心地，
心地不掃空掃地。

人人都把心地掃，
世上無處不淨土。
不知道那位將軍之後如何，這首偈，至今卻還留在這小城人的心裡。
掃地的深層涵義是懺悔。

懺悔的意思是什麼呢？懺，懺除過去所犯的過錯；悔是後悔，改過自新。懺悔是對自己所犯的錯誤，生起悔過心理，痛改前非，保證不再犯第二次。懺悔，並不是佛教特有的法門，像基督教、伊斯蘭教都很重視懺悔。

佛教的懺悔跟其他宗教不同；其他宗教如基督教、伊斯蘭教懺悔，他們向誰懺悔呢？向上帝、教主懺悔，求得主的寬恕、饒恕。主寬恕了你，你的罪業也就消除了。佛教的懺悔主要是面對大眾、面對自己，雖然有時也在佛的面前懺悔，但主要是自我遣責。

懺悔是人格的清洗劑。佛陀在經中說：有兩種人在修學佛法上能有成就，第一種是能如法如律的去修行、生活，不會犯罪；第二種人是犯罪之後能懺悔。一個人有缺點犯錯並不可怕，可怕的是犯了錯誤，沒有悔過之心，這種人才是最可怕的。所以，當我們犯了錯誤之後，一定要誠心懺悔，痛改前非，保證以後不再犯罪，這樣在修學佛法上才能有成就。

平常的人都知道把生活的環境打掃乾淨，然而很少人注意到打掃、清洗自己不良的行為，清除自己思想和言行上的污垢。由於無始以來，我們總是有很多煩惱，造下了很多罪

業，我們的人格被嗔癡污染得一塌糊塗，如果不用懺悔清洗自己被煩惱污染的人格，那我們的人格將是一個什麼樣子呢？就像一件十分漂亮時尚的服裝，本來很乾淨，如果一位女士穿一段時間，穿髒了，脫下來也不洗，往旁邊一放，過幾天再穿，再脫；再穿，再不洗；過幾天，拿出來聞聞再穿，時間久了，已經髒得不能再髒、臭得不能再臭了。如果就這樣一直穿下去，一次也不洗。你想這件衣服將會成為什麼樣呢？

我們的人格也像新衣服一樣，本來很乾淨，因為有了貪、嗔、癡的原因，使我們造下許多罪業。煩惱污染我們的人格，罪業帶來生命的痛苦。因此，我們現在學習普賢菩薩的第四大願「懺悔業障」，使我們懂得用佛法的懺悔法門，去清除自己心靈上的污垢，使我們的人格恢復到本來的面目！

貪婪、嗔恨、愚癡、傲慢、猜疑，是我們現代人心靈上的五大塵埃，建議大家每天抽點空，去打掃一下吧！

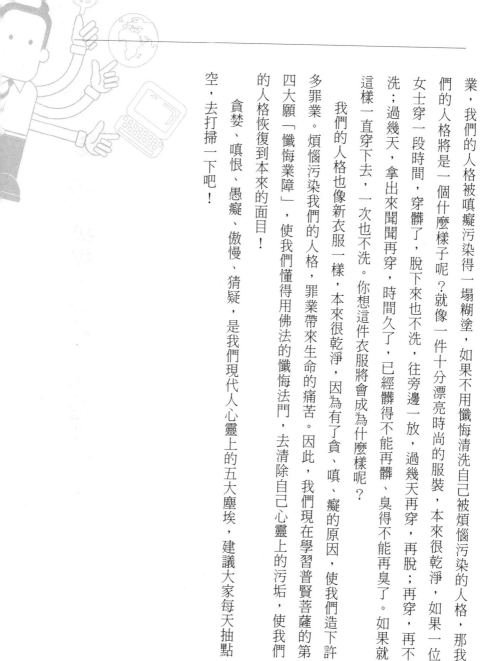

16 接觸一些不平凡的成功人士

學習如何成功的最佳方式是與那些不平凡的成功人士接觸。觀察他們，學習他們，虛心地向他們請教。逐漸地，你會感覺到生命裡注入一種新東西。你會逐漸地與他們一樣看問題，思索問題，解決問題。

為了夢想，你必須不停地尋找一切對你有幫助的不平凡人。每一個不平凡人的不平凡人生，都是一部奇書，你要學會閱讀這一部部奇書。

睜大眼睛，學會觀察周圍的人，你會驚訝地發現周圍有很多不平凡的人，他們都將帶給你的人生莫大的幫助。

1836年，林肯住在紐約沙勒。紐約沙勒有個名叫傑克·基爾梭的人。此人一事無成，他的太太為了謀生，不得已收些房客，他自己則整天釣魚、拉提琴、朗誦詩篇。大多數鎮民都認為傑克·基爾梭是個失敗者，可是林肯並不這麼認為。林肯知道傑克·基爾梭是個滿腹經綸的飽學之士，他見過數以千萬計的金錢，只不過由於厭惡上流社會的生活，而甘

願流落紐約沙勒做一個獨居世外的人。

林肯認為傑克．基爾梭是個不平凡的人。

林肯去拜訪他，向他請教一些問題。林肯說：「我覺得自己很不如傑克．基爾梭，很畏懼他，但我還是決定去拜訪他，因為我預感到他會給我的人生全新的啟發。」

林肯拜訪傑克．基爾梭時，坦誠地表達了想與他交往的美好願望。傑克．基爾梭也真誠地給予林肯全新啟發。

林肯在未認識傑克．基爾梭之前，莎士比亞和伯恩斯對林肯而言，只是一個虛無的人名罷了，沒有什麼具體的意義。可是，林肯坐著聽傑克．基爾梭談《哈姆雷特》，背《馬克白》，第一次體會出英國語言的美妙、豐富。它可以變化出多麼華麗的文采！多麼深遠的智慧和澎湃的情感！

莎士比亞令林肯感到敬畏，羅伯．伯恩斯卻得到林肯的熱愛與共鳴。他甚至覺得自己跟伯恩斯有血緣關係。伯恩斯曾像林肯一樣貧窮，他出生在一棟木屋裡，環境也跟亞伯拉罕．林肯差不多。伯恩斯也曾是莊稼漢；伯恩斯犁田時，鏟起一個田鼠窩，大為不忍，便為這齣小悲劇寫一首詩。在伯恩斯和莎士比亞的詩篇中，林肯找到了一個有意義、有感情、可愛的全新世界。

最令他覺得吃驚的是：「莎士比亞和伯恩斯居然都沒上過大學」；他們所受的正規教育

居然不比林肯多。

這使得林肯深受鼓舞：也許沒有受過太多教育的他——文盲湯．林肯的兒子，也可以從事較高尚的工作，而不必一輩子賣雜貨或者當鐵匠。

此後，伯恩斯和莎士比亞成了他心愛的作家。他花在閱讀莎翁作品的時間，比花在其他作家身上的時間的總和還要多，這對他日後的文風頗有影響，後來他入主白宮，為美國內戰憂心，臉上皺紋滿佈，他依舊留下不少時間來閱讀莎士比亞的作品。儘管他很忙，仍要跟莎士比亞專家討論劇本，為文中某些段落寫信向人請教。就在他被槍殺的那一星期，還曾對著一群朋友們朗誦《馬克白》。

這一切，如果沒有傑克．基爾梭的介紹，沒受過多少教育的林肯也許一生就跟莎士比亞無緣了。正是林肯拜訪了傑克．基爾梭，才打開了一個全新的世界，發現了一個全新的自我。

因此，我們不妨說：「紐約沙勒的傑克．基爾梭的影響力直達白宮。」

你也許會從林肯的這個故事中得到某種啟發，知道不平凡的人會對成長中的你發生多麼深遠的影響，有時候這種影響會維持一生，有時候會對你人生重大抉擇具有決定性作用。

當你去會見不平凡的人時，你應該懂得從他們身上取得你想要的東西。應該學會用他們來激勵自己：「我與他們有同樣的條件，他們行。我也行！」

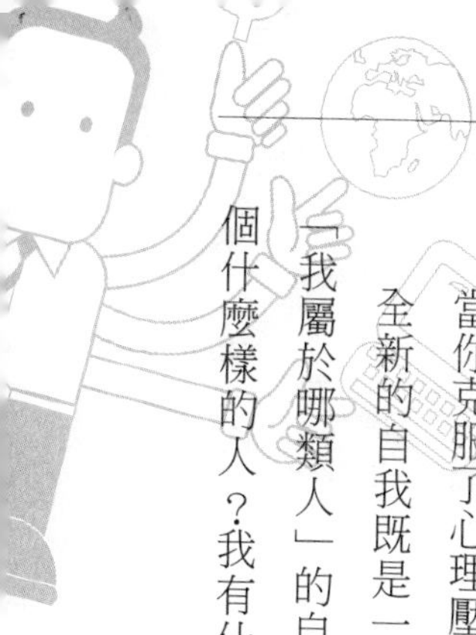

盡量克服畏懼心理，去拜訪那些「道德高尚，性情良好，站在人生光明面」的不平凡人物，所得到好處往往是十分驚人的。這些年，美國成功學大師拿破崙．希爾見過許多青年男女，他們想進入銷售界，但卻又害臊、內向、能力不足。如何能讓他們在幾週內變得非常有信心，有能力？

因為拿破崙．希爾建議他們去拜訪銷售界成功人士的緣故，那些不平凡的銷售界成功人士使這些後生之輩重新發現了自我。

在許多情況下，這些人過去一直生活在消極的環境中，而且周圍的人也不斷地向他們心靈注入消極的因素。現在，一個不平凡的人以他不平凡的人生告訴他們：你們一定會走向成功。他們聽到了前所未有積極的聲音，而這種聲音是經過生活所驗證的，由於這種不平凡聲音的出現，他們幾乎立刻改變了自我的心態。

請記住：你會獲得不平凡人的大部分思想、舉止、個性。即使你的智商也會受到他的影響。他對你的影響是極其深遠的，你會從他身上吸收許多知識，陶冶自我的心靈。

當你克服了心理壓力，去拜訪一個不平凡的人時，實際上是你在拜訪一個新的自我。

全新的自我既是一個人對自己的認識、評價和期望，也是對自己全新的心理體驗，即「我屬於哪類人」的自我觀念。具體而言，重新發現另一個自我包括如下這些問題：我是個什麼樣的人？我有什麼樣的個性？有什麼樣的優缺點？我有什麼價值？有無巨大的潛能？我期望自己成為什麼樣的人？達到什麼樣的目標和如何達到目標？

重新發現另一個自我，是建立在我們對自身的認知和評價的基礎上。這種重新認知和評價往往需要強烈的外在衝擊力，而那些不平凡的人往往具備這種力量。

這種強大的力量可以摧毀你習慣的舊觀念，在破壞一切的同時重建一切。

舉世聞名的迪士尼樂園是美國人華特·迪士尼創辦的遊樂事業，每天來自世界各地數以萬計的遊客，在這夢幻般的世界裡觀賞、瞭解人類創造的各種奇蹟，絡繹不絕的遊客帶給迪士尼公司巨大的利潤，使迪士尼公司成為控制美國經濟的十大財團之一。

華特·迪士尼二十二歲時與哥哥洛伊向投資者集資一千五百元，成立了歡笑卡通公司，製作了一連串的卡通。然而由於成本過高，發行途徑不暢，公司僅成立一年，便宣告破產。華特·迪士尼一蹶不振，欲改行經商，但又不忍放棄自己所喜愛的卡通世界，就在他格外迷惘時，他拜訪了卡通界前輩——著名的電影製片人約翰·李斯特。

李斯特接見了他並看了華特·迪士尼所製作的卡通。李斯特向迪士尼講述了自己青年時期所遭受的一連串的失敗和挫折，但他追求卡通世界的理想始終沒有改變，儘管多少年的風風雨雨，他最終還是實現了自己的夢想。李斯特鼓勵迪士尼振作起來，重建自己所努力追求的卡通事業。

華特·迪士尼拜訪完約翰·李斯特，感覺就像突然發現一座寶礦，連日來的消沉絕望一

掃而空，他覺得一個新的自我在體內誕生並不斷壯大。他絕對可以重新建立自己的卡通世界。李斯特向他講述自己青年時期奮鬥史的聲音在以後多年經常在迪士尼的耳邊響起。

華特・迪士尼經過多年奮鬥，創造了一系列卡通明星。米老鼠、唐老鴨、白雪公主和七個小矮人，為二十世紀的人們帶來了無限的歡樂和希望。華特・迪士尼也成為一名譽滿全球的大藝術家。

請永遠記住，有著夢想並努力成功的年輕人，在追求之路上，必須去拜訪那些不平凡的人。因為他們會帶給你不平凡的人生。

17 常與自己心靈對話

如果你想在未來成為一個成功者，那麼從現在開始，你就必須學會一條人生真理並永遠牢記它——那就是留一點時間給自己，與自我心靈對話。這樣做，不僅能夠不斷地認識自我、反省自我、激勵自我，而且會無限地拓展你的生活空間。

很多沒有成功的人大都是年輕時放縱自己造成的。他們的生活模式幾乎是一樣，作息時間混亂，基本上憑本能、憑感覺懶洋洋地生活，想喝就去喝，想吃便去吃，過得隨心所欲，渾渾噩噩，不斷地浪費時間，而根本不懂得在人的一生中，要留一點屬於自己的時間，與自我的心靈對話，看清自己、認識自我、擴大自我的生活空間，重塑自己的生命力。

十八世紀法國最傑出的啟蒙思想家盧梭曾寫過一段重要的話告誡後人，論述與自我心靈對話是多麼重要。他說：

「我在世間就這樣孑然一身。沒有兄弟，沒有鄰居，沒有朋友，沒有社交圈子。我跟人

之間一切聯繫都被粗暴地斬斷了。

我脫離了一切，我自己又成了怎樣一個人呢？這就有待於我去探索。要進行這樣的探索，我不得不對自己的處境先做一番回顧，我必須透過這番思索，才能重新認識自己。」

盧梭是多麼珍惜與自我心靈對話的機會啊！因為他深深懂得這樣做對未來的人生是多麼重要，正是由於他深刻而又持久地與自我心靈對話，他才能成為「前無古人，後無來者」的偉大啟蒙思想家。世界上許多偉大的宗教領袖經常遠離人群，回歸自我與心靈對話，一段時間之後再回到人群，與人分享與自我心靈對話後所得到的各種啟示。

當釋迦牟尼在菩提樹下思考且豁然大徹大悟之時，他無限擴展自我生活空間——對人類處境的長期思考已達到了最高點。根據馬太福音和路加福音，耶穌在曠野裡度過40天，並且遭受魔鬼的試探，然後才回來宣示懺悔的資訊。穆罕默德在每一年的齋月期間，都會避隱到希拉山的洞窟裡進行自我心靈交流。正是由於他們深刻而持久地與自我心靈交流，他們無限擴展了自我生活空間才成為人類偉大的精神領袖。

你也許會說，他們都是偉人，而我僅僅是個平凡人，所以我不需要與自我心靈對話。這個觀點更是大錯而特錯。只要做為一個人，你有健全的思維和情感，你就應該與自我心靈對話。人與動物的主要區別就在於心靈，每一個人都不希望自己像動物一樣生活，這說明人是積極向上的，而人生更需要幸福、快樂和完美，這種自我心靈對話是生命組成的一部分，它隨生命而來，隨生命而去。

世界之大，我們每個人窮盡一生，能看到、聽到、感覺到、體驗到的事物只是一小部分。且不說浩瀚無垠的洪荒宇宙，即使我們立足的這個星球，也同樣渺小。在有限和短促的生命中，我們要承受多少事情，這些事情壓在我們的心靈世界上，讓心靈格外沉重。

在生活中，我們感覺周圍的事物，形成我們的觀念，做出我們的評價，以及相對地判斷、決策等，無一不是透過我們的心靈世界來進行。你未來的成功要靠你的心靈世界去創造，而你的心靈世界在現實的世界中經常為許多事情所佔有。我們每一個人在這世界上生活，每天忙忙碌碌，有多少事情是必須做的，又有多少事情是無聊瑣碎的？留一點時間給自己，讓自我的心靈解放出來，遠離那些無關緊要的事情，讓自我的心靈去關注那些必須做的事情，更加看清你的過去、現在以及未來，你心靈的空間漸漸擴大，而你成功的力量正是來自於這個空間。

聞名於世的美國成人教育大師戴爾．卡內基，他運用心理學知識，對人類共同的心理特點進行探索和分析，開創和發展了一套包括演講術、推銷術、做人處世術、智力開發術等的獨特成人教育方式。國際卡內基成人教育機構和它遍佈世界的分支機構，多達一千七百餘個。接受這種教育的，不僅有明星鉅賈，各界領袖，也有軍政要人，內閣成員，甚至還有幾位總統，人數多達幾千萬，影響了本世紀的幾代人。

卡內基汲取了本世紀成人教育最成功的經驗。1947年他在紐約接受記者採訪時說了一段意味深長的話。他說：「我的成功其實很簡單，我經常留一些時間與自我的心靈對話。不過，我留的時間要比別人多許多。永遠要記住。你的心靈就是你一生的寶藏，你要不斷地挖掘它。你如果忽視了自我的心靈，這世上，還有什麼不可以忽視的呢？」

卡內基成人教育有一個重要的核心，就是讓人要珍視自我的心靈。他所著的《積極的人生》、《人性的優點》、《快樂的人生》都從不同角度反覆強調這一點。

戴爾．卡內基於1888年11月24日出生於美國密蘇里州一個貧窮的農家。他的父親是個勤勉的農夫，他的母親是一個虔誠的教徒。卡內基的童年和其他美國中西部農家的男孩子一樣，幫忙家裡做雜事、趕牛、擠牛奶；還一度替人撿草莓、割野草。如果說，卡內基的童年和密蘇里州農家男孩子有什麼不同，那就是受到他母親的很大影響。母親鼓勵他讀書，希望他將來做一名傳教士，或做一名教師。但是，家境的貧困，使年輕的卡內基必須為受教育而努力奮鬥。

1904年，卡內基高中畢業後就讀於密蘇里州華倫斯堡州立師範學院。卡內基是全校六百個學生中五、六個不住在市鎮的學生之一。在家裡，他擠牛奶、伐木、餵豬、趕牛。在學校，他上課，溫習功課，參加學校的各項活動。就在這種緊張的學習和生活中，卡內基每天都留一點屬於自己的時間，與自我的心靈對話。這點時間完全是卡內基在忙碌的生活中硬騰出來的，他對此稱為「馬上時間」。卡內基負擔不起市鎮上的生活費用，就住在農場的家裡，每天騎馬到學校去上課。卡內基後來回憶他的這一段「馬上時間」時，不無感慨地說：「在當時那種忙碌的生活環境中，如果我沒有那些『馬上時間』與自我心靈的對話，我會被繁重的生活壓垮了。我忘不了一個人騎馬穿過鄉村，腦中想著與自我有關的事情，正是有了那段一生難忘的『馬上時間』，我才成了現在的卡內基。」

戴爾・卡內基很強調這樣一種觀點：即一個人事業上的成功，只有15％是由於他的專業技術，另外的85％要靠自我心靈、人際關係、處世技巧。因此，他的基本哲學思想，就是著眼於人的自我心靈培養和人與人之間的溝通、交往、寬容。並吸收了行為科學和心理學的新成果，使人們成為事業成功、家庭幸福、個人快樂的人。事實證明，卡內基的教育是迅速、成功、有效的。很多著名人物都是卡內基課程的畢業學員，許多人認為自己的成功應該歸功於卡內基課程的自我心靈教育。不少參議員、州長，以及許多商業界高級人士都讚揚卡內基自我心靈教育課程，說這些課程的訓練，使他們在事業上取得了前所未有的成功。

一個人與自我心靈對話的過程實際上就是擴大自我生活空間的過程。一個人的內心生活是外在生活的複寫，而外在生活往往是瑣碎的、零亂的、侷限的。這些生活投射到內心，造成內心生活的混亂，這種混亂又反過來影響你的現實生活。與自我心靈對話，就是深刻

地認識自我、反省自我的重要性，總結自我，拓展自我，找出現實生活的侷限性，打破這種侷限性，無限拓展你的生活空間，這是一個潛移默化的過程，同時又是個積極尋找的過程。一般而言，與自我心靈對話、擴大自我生活空間由五個層次構成：

1．正確認識自我心靈，使其從日常生活中脫離出來，回歸心靈本質。

2．與心靈展開對話，真正做到自問自答。

3．對那些沒有答案的問題，不要停留於想像和猜測，要積極地用行動去驗證。

4．從內心生活的對話中獲得征服人生、戰勝自我的力量。

5．將這種力量回饋到現實生活中，拓展你的生活空間。

如果你想成為一個成功者，你不妨按照這五個層次來檢驗自我心靈對話，如果你發現少了某一個層次，說明你的心靈對話還不夠完善，要積極地去彌補這方面的缺失。當然，這五個層次並非絕對，它只是說明自我心靈對話是一個科學的、有著內在邏輯的嚴密過程。

要深深地懂得並學會與自我心靈對話，擴大心靈生存的空間，在這個擴大的過程中，你會驚訝地發現一個全新的自我，而全新的自我會帶給你全新的未來人生。

18 探索陌生的領域

歷史上許多偉大的人物如富蘭克林、貝多芬、達文西、愛因斯坦、伽利略、羅素、蕭伯納、邱吉爾以及許多其他巨人，大多是創新的先驅者。其實他們在許多方面與普通的人一樣平常，唯一區別只不過他們勇於走常人不敢走的路，人類的一切都不會使你感到陌生。如果你充分相信自己有能力進行任何活動，實際上你就可能獲得成功。

一旦你勇於探索那些陌生的領域，你就會擁有那種心跳的感覺，你能切實體驗到人世間的種種樂趣。想想那些被稱為「天才」的人們，那些在生活裡頗有作為的成功者，他們從不試圖迴避心跳的感覺。你應該用新的觀念重新審視自己，打開心靈的窗戶，進行那些自己一向認為力所不能及的活動，否則，只會以同樣而固定的方式重複進行同樣的活動，直到生命終結。而偉人之所以偉大，往往體現在探索的本質以及探索未知的勇氣上。

想要積極嘗試事物，前提是必須摒棄一些壓抑自己個性的觀點：改變現狀不如苟且偷安，因為改變將帶來許多不穩定的未知因素；認為自己非常脆弱，經不起打擊，如果涉足

於完全陌生的領域，會碰得頭破血流等，顯然這些都是荒謬的觀點。如果改變生活中單調的常規因素，你會感覺到精神愉悅和充實；相反，厭倦生活則會削弱意志並產生消極的心理影響。一旦失去了對生活的興趣，可能導致精神崩潰。然而，如果在生活中努力探索未知，堅持必勝的信念，則你的心理一定會更加健康而強大。

此外，人們還常常抱有一種心理：「這件事非比尋常，我不如躲遠些好。」這種心理狀態使人不能面對挑戰，積極嘗試新的經歷，也必須堅決摒除這種心理。

「做任何事情一定要有某種理由，否則做它又有什麼意義呢？」這也是許多人不能嘗試創新的習慣心理。其實只要你願意，便可以去做任何事情，而不必一定要有理由。沒有必要為自己所做的每一件事尋找理由，只要你能心跳，你的人生能夠快樂，什麼不可以去做呢？當你還是個孩子時，逗蚱蜢玩上一個小時，其理由只不過是你喜歡逗蚱蜢玩。可是當你成為大人時，你卻不得不為做每一件事情找一個充分的理由。這種對理由的「熱衷」阻礙了個性的成長發展。

因此，在一定程度上，你可以想做什麼就做什麼。其原因只不過是你願意這樣做，這種思維方式將為你拓展生活的新天地，並勇敢地進入創新的領域。

創新不需要天才。創新只在於找出新的改進方法。創新不是某些行業專有的，創新也不是超乎智慧的人才具備。

那麼，什麼是創新呢？什麼能讓你心跳加速呢？

一直很保守的你，突然間想學跳脫衣舞，而且學習的非常認真和成功，這絕對會讓人心跳加速。

用大愛和包容將自己頑皮的寶寶變成一個人見人愛的小寶貝，這難道不能讓人心跳加速嗎？

一直在內陸生活的你，有天突然計畫來一次海邊之旅，吹吹海風，曬曬日光浴，這難道不能讓人心跳加速嗎？

某些時候，從最簡單的角度出發，創新就是改變原有的方式、方法，換一個嶄新的面貌，迎接一樣嶄新的東西。

一直以來我們都明白的一個道理就是堅持不懈，勇於創新，就可以獲得成功。這裡的創新指的就是所謂的新方法、新思路，有些時候，我們會發現同樣不同的路，也能實現同樣的目標。讓我們看一下下面的例子：

外國一個知名的企業引進了一條香皂包裝生產線，結果發現這條生產線有個缺陷：常常會有盒子裡沒裝入香皂。總不能把空盒子賣給顧客，他們只得請了一個自動化的博士設計一個方案來分揀空的香皂盒。博士成立了一個十幾人的研發小組，綜合採用機械、微電子、自動化、X光探測等技術，花了幾十萬，成功解決了問題。每當生產線上有空香皂盒

通過，兩旁的探測器會檢測到，並且驅動一隻機械手把空皂盒推走。

中國南方有個鄉鎮企業也買了同樣的生產線，老闆發現這個問題後大為發火，找了個小工人來說：

「你他媽給老子把這個搞定，不然你給老子滾！」

小工人很快想出了辦法：他花了90塊錢在生產線旁邊放了一台大功率電風扇猛吹，於是空皂盒都被吹走了。

這個故事告訴我們：

1．創新不一定等同於高知識水準，一般人也可以完成。

2．創新的形式是多樣的，方式也是各不同，當然這些都稱為創新，面對各式各樣的問題，我們只要相信，換個角度會更好，就可以了。只要這樣，你就能離成功更近。

世界上因創新而獲成功的人簡直就是不勝枚舉。

法國美容品製造師伊夫．洛列靠經營花卉發跡，他在一次新聞記者會上感觸頗深地說道：「能有今天，我當然不會忘記卡內基先生，他的課程教給了我一個司空見慣的秘訣，而這個秘訣我儘管經常與它擦肩而過，但卻從未能予以足夠的重視，也沒有把它當作一回事來對待。而現在我卻要說，創新的確是一種美麗的奇蹟。」

伊夫．洛列1960年開始生產美容品，到1985年，他已擁有九百六十家分店，各個企業在全世界星羅棋佈。

伊夫．洛列生意興旺，財源廣進，拿到化妝品和護膚品的桂冠。他的企業是唯一使法國最大的化妝品公司勞雷阿爾惶惶不可終日的競爭對手。這一切成就，伊夫．洛列是悄無聲息地取得的，在發展階段幾乎未曾引起競爭者的警覺。

他的成功完全依賴於他的創新精神。

1958年，伊夫．洛列從一位年邁女醫師那裡得到了一種專治痔瘡的特效藥膏秘方。這個秘方令他產生了濃厚的興趣，於是，他根據這個藥方，研製出一種植物香脂，並開始挨家挨戶地去推銷這種產品。

有一天，洛列靈機一動，何不在《這兒是巴黎》雜誌上刊登一則商品廣告呢？如果在廣告上附上郵購優惠單，說不定會有效地促銷產品。這一大膽嘗試讓洛列獲得了意想不到的成功，當他的朋友為他的鉅額廣告投資惴惴不安時，他的產品卻開始在巴黎暢銷，原以為會石沉大海的廣告費用與其獲得的利潤相比，顯得輕如鴻毛。

當時，人們認為用植物和花卉製造的美容品毫無前途，幾乎沒有人願意在這方面投入資金，而洛列卻反其道而行之，對此產生了奇特的迷戀之情。

1960年，洛列開始小批量地生產美容霜，他獨創的郵購銷售方式又讓他獲得巨大成功。在極短的時間內，洛列透過各種銷售方式，順利地推銷了七十多萬瓶美容品。

如果說明用植物製造化妝品是洛列的一種嘗試，那麼，採取郵購的銷售方式，則是他的一種創舉。時至今日，郵購商品已不足為奇了，但在當時，這卻是聞所未聞。

1969年，洛列創辦了他的第一家工廠，並在巴黎的奧斯曼大街開設了他的第一家商店，開始大量生產和銷售化妝品。

伊夫・洛列對他的職員說：「我們的每一位女顧客都是皇后，她們應該獲得像皇后那樣的服務。」

為了達到這個宗旨，他打破銷售學的一切常規，採用了郵購化妝品的方式。公司收到郵購單後，幾天之內把商品寄送給買主，同時贈送一件禮品和一封建議信，並附帶著製造商和藹可親的笑容，此舉使得郵購幾乎佔了洛列全部營業額的50%。洛列式郵購手續簡單，顧客只需要寄來地址便可加入「洛列美容俱樂部」，並很快收到樣品、價格表和使用說明書。

這種經營方式對那些工作繁忙或離商業區較遠的婦女來說無疑是非常理想的。如今，通過郵購方式從「洛列美容俱樂部」購買口紅、眉筆、唇膏、肥皂和美容護膚霜的婦女已六億人次。伊夫・洛列透過郵購建立了與顧客的固定聯繫。他的公司每年收到近八千餘萬封函件，有些簡直與私人信件沒有兩樣，附著照片和親筆簽名，暢敘友情，表達信任，寫得親切感人。當然，公司的建議信往往寫得十分中肯，絕無生硬地招攬顧客之嫌。這些信中總是重複地告訴訂購者：美容霜並非萬能，有節奏的生活是最佳的化妝品。而不像其他商品廣告那樣，把自己的產品說得天花亂墜，功效無與倫比。

公司藉由電腦建立了一千萬名女顧客的名片，每逢顧客生日或重要節日時，公司都會寄贈新產品和賀卡以示祝賀。

這種優質服務為公司帶來了豐碩成果。公司每年寄出包裹達九百萬件，相當於每天三至五萬件。1988年，公司的銷售額和利潤增長了30％，營業額超過了二十五億，國外的銷售額超過了法國境內的銷售額。

如今，伊夫．洛列已經擁有了四百餘種美容系列產品和八百萬名忠實的女顧客。伊夫．洛列透過辛勤的勞動和艱難的思考，找到了走向成功的途徑和契機。化妝品市場競爭的激烈程度令人怵目驚心，如果亦步亦趨，墨守陳規，那肯定只能成為跟隨者。

洛列曾說過一句著名的話：「如果你想迅速致富，那麼你最好去找一條創新快捷的方式，不要在摩肩接踵的人潮中隨波逐流。」

提到創新，有些人總是覺得神秘，似乎它只有極少數人才能辦到。其實，創新有大有小，內容和形式可以各不相同。創新活動已經不僅是科學家、發明家的事，它已經深入到一般人的生活中，許多人都可以從事創新性的活動。生活、工作的各個方面都可以激發出創造的火花。人們在事業上新的追求、新的理想、新的目標會不斷產生，在為新的事業創造奮鬥中，實現這些新的追求、理想和目標，就會產生新的幸福。

創新是永無止境的，人們實現幸福的過程就是一個不斷發展、不斷創新的過程。人的可貴之處在於創新性的思維。一個想有所作為的人只有透過有所創造，才能為人類做出自己的貢獻，才能體會到人生的真正價值和真正幸福。創新思維在實踐中的成功，更可以使人享受到人生的最大幸福，並激勵人們以更大的熱情去實踐創造活動。

創新思維的結果不能保證每次都能取得成功，有時可能毫無成效，有時可能得出錯誤的結論，雖然這是它的風險。但是，無論它取得什麼樣的結果，都具有重要的知識和方法。因為即使它不成功，也向人們提供了以後少走冤枉路的教訓。

你為了取得未來的成功，總是要探索前人沒有運用過的思維方法，尋求沒有先例的辦法和措施去分析並認識事物，進而獲得新的知識和方法，鍛鍊和提高能力。

美國總統林肯說：「創新是力量、自由及幸福的泉源。」英國著名哲學家羅素把創新看做是「快樂的生活」，是「一種根本的快樂」。前蘇聯教育家霍姆林斯基認為：創新是生活的最大樂趣，幸福寓於創新之中。他在《致兒子的信》中寫道：「什麼是生活的最大樂趣？我認為，這種樂趣寓於與藝術相似的創新性勞動之中，寓於創新性思維之中。如果你熱愛生活，你就不能不體驗這讓人心跳的感覺。」

在你未來的人生道路上，你要記住這句話。

19 找到你真正的朋友

對於想成功的人，擁有真正的良師益友，其意義不亞於擁有百萬美元的資金，良師益友的重要性大家都很清楚。

人生指導專家蘇珊女士在《在你身邊》一書中，列舉過良師益友的五種類型：即同志型、通風報信型、前輩型、競爭型和教父型。

同志型的良師益友在平等的基礎上提供資訊與指導原則，目的是為建立相互協助成功的同盟。通風報信型良師益友極其活躍，觀察的範圍廣，能為你提供很多新鮮的東西。前輩型的良師益友則有豐富的閱歷和經驗與你分享，他知道某些事情的來龍去脈，尤其能為你的決策提供一種背景。競爭型的良師益友則屬於在其他公司擔任和你類似職位的人，彼此的交往能提供競爭的氣氛，就好像你到了賽馬場，不可能不賭馬一樣。教父型的良師益友與上述類型不同，他不單擁有智力、能力，還擁有一些更實在的東西，我們暫且把這些東西稱為勢力。他們有能力栽培、提拔你，打開社會接受你的大門。

在你選擇良師益友的時候，一定要注意以下幾個方面。或者說，真正的良師益友應該具有下面的特質：

1．不吝指導。

2．對所屬的公司、行業或組織有深入瞭解。

3．願意和人分享情報與資源。

4．對自己有信心和安全感，不會嫉妒你的成長，在你羽翼豐滿時，可以「遠走高飛」。

最後一條尤其重要，以免造成不必要的傷害，當你們之間的關係已經非常親密時，更要格外小心。

如何才能找到真正的良師益友呢？

1．觀察你周圍的人。

2．會和你一起歡笑的人。

3．受尊敬的人。

4．受歡迎的人。

不要忽視了那些含蓄、安靜，卻在許多地方值得我們向他學習的人。能夠給你無法明說卻很有力量的觸動，這樣的人也許是你最需要的。

如果你實在找不到心目中的人選時，就要遵循一位名家的建議：「當一名好聽眾。有許多野心勃勃的年輕人，他們從來沒有學會認清一個現實：被提拔的藝術在於表達忠誠、保持安靜、熱衷學習並願意自我克制，以換取將來更多的回饋。」

尋找良師益友也是一門藝術，你不僅要像個聰明乖巧的小學生，更要表現出自己的誠懇、恆心，並且要具備基本的常識。你可以採取下面的方法向你選中的良師益友「示愛」、「進攻」：

主動問好、寒暄，充分展示自己的風貌，給對方留下好印象；注意他手裡正在做的事情，在恰當的時候提出你的建議，或者中肯的批評；請對方給你的工作提出建議和批評；如果他認真地提出了自己的建議，一定要繼續就此深究下去，尋找更多的共同點；記住即時向對方通報你的新感想、研究的新進展或剛到手的新資料；經常保持電話聯繫。

良師益友的關係，必須建立在雙方信任的基礎上，無論什麼時候，你希望他人怎樣對待你，你也要怎樣對待別人。尊重、真誠、感激這些字眼，不僅僅具有品德方面的含意，在日益深厚的良師益友關係中，它們還具有「安全」的含意。

中國古代有句名言：「得天下容易，得一知己難。」珍惜並精心維護已經建立的關係，而不是濫用這種關係，要始終把這種關係維繫在一種純潔的程度上，是維持長期交往的關鍵。這也就是所謂的「君子之交淡如水」吧！

良師益友不必是同一類型，據研究結果顯示，最成功的人，背後的智囊團往往是由持各

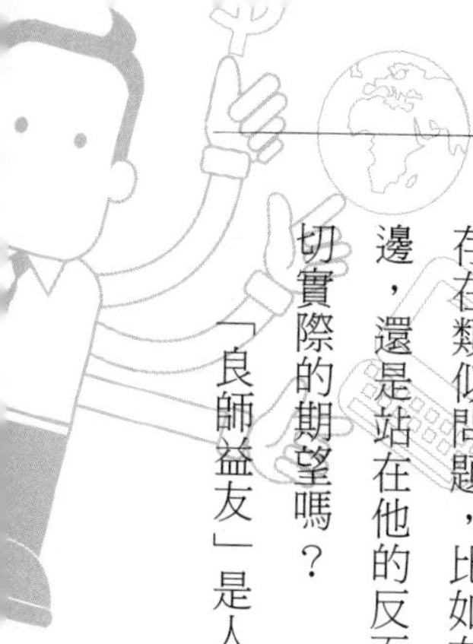

種不同觀點的人組成，不應該以是否與個人的觀點相同做為選擇良師益友的唯一標準。良師益友的組成應該隨你事業生涯的轉變而有所不同。

如果某個人在其他方面都符合你選擇良師益友的標準，只有一個因素使你遲遲未決，這個因素是因為性別時，你該怎麼辦？一個女人視某個男人為自己的良師益友，對這種關係雙方心理上都很容易接受。如果是一個男人想把某個女人做為良師益友，他心理素質可能就要因此接受考驗了。

對男人來說，認一個女人為「師傅」或「好友」，不是一件讓人痛快的事情，然而這還不是最危險的。女性良師益友的危險在於：隨著交往頻繁，感情自然會加深，情愛的因素會在暗處萌芽，這種因素會讓你不知不覺中失去正確的判斷力，如果真正到了這一地步，便失去尋找良師益友的意義。

如果你身在這樣的氛圍中，選擇女性做為自己的良師益友更具挑戰的意味。

我們提到性情對理智的侵蝕，這只是良師益友關係負面影響的其中一個，同性之間也存在類似問題，比如在一個需要明確表態的場合，你是違心地站在自己的「良師益友」一邊，還是站在他的反面？你的成長、成就會引起對方的妒忌嗎？你對「良師益友」有過不切實際的期望嗎？

「良師益友」是人際關係的一種，它無法完全維持在純理智、純學術、純道德的狀態，總是會存在各種的偏差，發生事故乃至毀掉原有關係也是可能的事。人生需要付出代價，「良師益友」是你必須付出的代價之一，對你是這樣，對別人也是這樣，因為你像別人一樣，不可能總滿足於被動地成為「良師益友」的一方，你也有想成為教父型良師的那一天。

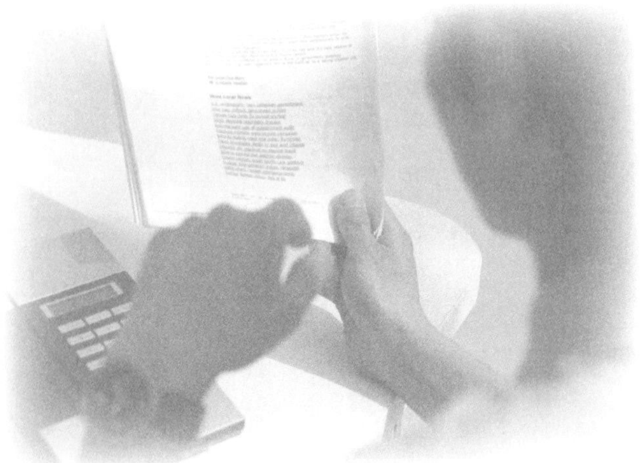

20 到世界各地旅行

一個人不走出去面對更廣闊的世界，這個人就會像一隻井底青蛙，只見到井口那麼大的一片天。世界是廣闊的，生活又那麼豐富，不走出去你就永遠無法獲得成就事業和開創美好人生的視野和奇特思維，你的一生也會平淡無奇地度過。

一個成天埋頭工作或只躲在書堆裡的人很難在事業上有所發展。「讀萬卷書，行萬里路」，這樣的行為準則有助於你事業的成功。在更多地方留下你的足跡，能增長見識、開闊眼界，提高應變能力。這可以彌補你視野狹窄、知識不足的缺陷。

托爾斯泰曾說：「一個作家的思維敏不敏捷，很多時候不在於這個作家讀了多少書，掌握了多少知識，而在於他是不是經常外出走一走，讓自己見多識廣。」不只是作家，其實政治家、商人、教師、律師、工作、農民要成就一番與眾不同的事業，也非常有必要增長見識。

日本一個絲綢生意的商人三蒲次郎很少出國，好些朋友都勸他多到幾個國家走走，但他覺得自己太忙，再說生意還過得去，認為朋友的建議是在浪費時間。三蒲次郎勤奮而熱忱地工作著，可是他的絲綢生意卻每況愈下。三蒲次郎對朋友說：「現在做生意太難了，自己簡直搞不清楚失敗在什麼地方。」朋友對他說：「現在你必須出去走走了。」不過，三蒲次郎還是覺得朋友的建議沒有實質意義，依然只顧盡心工作。二十年後，三蒲次郎把自己的生意交給了兒子經營，這時的三蒲次郎已經老了，絲綢生意衰敗得幾乎破產。他的兒子聽從長輩們的建議，先後到美國、澳大利亞、加拿大、中國、印度等國家去旅遊了一趟，把三蒲次郎幾十年苦心經營餘存下的資金幾乎用光，三蒲次郎極為生氣，罵兒子是個敗家子。可是兒子卻興奮地告訴他，自己在三、五年內要把絲綢生意做得比他父親的任何經營階段都要成功。原來，兒子到這些國家去做市場調查，透過考察比較、分析，最後決定從價格較低的中國進絲綢原料，回到日本加工後再銷往絲綢服裝需求量較大的美國。兒子的決策獲得了成功，在三蒲次郎手裡面臨倒閉的企業在兒子手中重新發展起來。三蒲次郎心情複雜地對朋友們說：「我犯一個大錯，只知道埋頭工作，束縛自己的手腳等於在束縛自己的頭腦。我現在已經老了，無法挽回這種錯誤，幸好我兒子與我不一樣。」

在更多的地方留下你的足跡，是年輕時就該做的事情，如果你不想像三蒲次郎那樣到年老時還深表遺憾的話，那現在就邁開你的雙步走到更多的地方去。

在更多的地方留下你的足跡，能增加你的閱歷，豐富你的生活，獲得更多的人生經驗和

情趣。

在旅途中你會遇到各式各樣的人和事。和陌生人打交道，走進以前從未經歷的事情，你離開了自己熟悉的環境，面對一個與朋友、家人和平常生活工作環境完全不同的世界，一切突發事件和人際關係都靠你自己處理，你會發現自己漸漸長大、成熟，辦事有經驗和信心，再回到你原來的生活工作環境，你會發現以前感到特別難辦的事現在容易多了，以前很難克服的困難現在也容易克服得多了。

美國著名旅行家貝朗告誡年輕人說：「你必須到更多的國家去走走，你必須和更多的人交流。旅行對你們這些年輕人來說，是人生最重要的課程之一。」

有個叫麥克的大學生畢業後不知自己該從事什麼職業，總覺得這個也好，那個也好，但始終猶豫不決。他找到貝朗訴說苦衷，並問貝朗自己該做什麼。貝朗說該做什麼得由你自己決定，我無法幫你，不過你可以先跟我一同出去旅行，或許對你有所幫助。

麥克隨貝朗三年之中幾乎走遍了所有歐洲國家，還到了東方日本、中國、印度等等國家，三年之後的麥克大大地增長見識，也獲得了從書本和平常環境無法獲得的知識和體驗。「我感到自己旅行的舉動太正確了，貝朗的建議讓我得到了想要的任何東西。」麥克在當上一名出色的律師後，深有感觸地對他的同事說。

印度詩人泰戈爾寫下《故事詩集》、《新月集》、《飛鳥集》、《邊緣集》、《吉檀迦利》等等為世界人民所喜愛的詩篇，他對朋友談起寫作的感受時曾說：「走出去，走出去，你的思想就會像宇宙一樣博大，你的詩文就會像歌聲一樣美妙。」印度思想家奧修極力推崇泰戈爾「走出去」的思想，他傳道的足跡踏遍一百多個國家和地區，他不斷學習，汲取各國各民族有用的東西充實自己，並把人類優秀的思想和文化透過自己傳播給需要它的人們。

在更多的地方留下你的足跡，還有利於你瞭解不同國家和地域的風土民情，感受人類博大精深的文化與生活，提高自己的修養和審美觀。

你所到之處，人們的語言、文化、膚色都有差異，各處的氣候、土壤、地理環境都有差異。你走過的地方越多，越能感受到人類文化的豐富，人類開創的文明的浩大和精深。地球的每一個角落，生命的繁衍和抗爭一刻不停，東西方文化的極大差異留給你更多的思考。

人類擁有一個地球，你擁有自己的生活，珍惜環境，珍惜生命，感受自然或文化帶來的歡愉會教你如何勤奮工作，開創自己美好的人生，開創人類共同的美好人生。

如果你目前還未具備到更多國家去走走的條件，那你至少也應該到國內更多的地方去走走，盡量走得遠些，感受多些，每天用筆記下你的行程、你的見聞、你的感受和你的收穫等等。

也許目前你對旅行不感興趣，那不要緊，生活中你必須做的每一件事不一定都是你感興趣的事，有些你不感興趣的事卻對你極為重要，甚至對你的一生產生重大而深遠的影響。如果你對旅行不感興趣，那就把它當做是鍛鍊。走出去，你的興趣也許會轉變，你的所得也許會讓你自己吃驚。

趁你還年輕，還來得及做很多事情，還來得及糾正自己的固執或偏見，盡可能在更多的地方留下你的足跡，會讓你在年輕時大有收穫，在年老時少些遺憾。記住詩人泰戈爾的話：「走出去，走出去……」

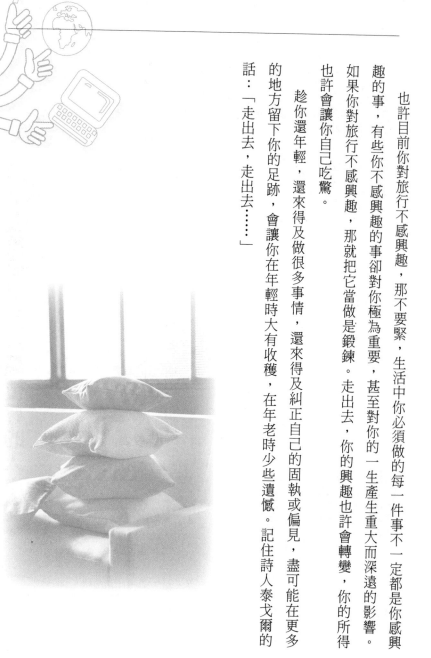

21 去見見那些職高位尊的人

人們常說：「近朱者赤，近墨者黑。」你身邊的朋友，對你有著潛移默化的影響，因此讓我們去見見那些位高權重的人，從那些成功人士身上汲取一些我們缺乏的東西。

也許你沒有提前做好準備，也許你平凡並且窮困，但是這都不是問題，如果有機會，就讓我們和那些職高位尊的人來個「第一次親密接觸」吧！這絕對可以提高你表現自己才華的勇氣。

面對比自己強大數倍的人，有一定的心理壓力是理所當然的。對某些人來說，這或許是一個鍛鍊自己的絕佳機會，但是對大多數人而言，這卻是一種沉重的負擔，因為自己與職高位尊的人的會面，很可能會使自尊心受到傷害。

我們必須要抓住機會，在會面時，積極的表現自己。著名的年輕企業家董思陽可以成功地詮釋，面對這種場合，你應該怎麼辦？

當時，董思陽還是一個十六歲的年輕小女孩，卻用自己頑強的意志和對商業的敏銳觸感

從商，那時的她沒有什麼錢，只在學校裡擺了一個小攤子，做飾品買賣。但是機緣巧合之下，她卻加入了新加坡最有名的企業家論壇。面對比她成熟，比她實力雄厚的真正企業家們，她沒有絲毫的怯場，表現出了超脫年齡的智慧。她利用自己年輕的優勢，成功的塑造了一個聰明好學的後輩形象，讓那些成功的企業家對她讚賞有加。聰明、勇於發問、不緊張、不怯場，是她第一次參加企業家論壇成功的首要因素。當然在以後的接觸中，她試圖瞭解企業家階層應具有的一切素質，瘋狂地補充自己的學識和素養，讓自己與這些成功人士有共同的話題，從賽馬到周遊世界，從服裝品牌到股市分析，她廢寢忘食地努力。最後顯而易見的她成功了，眾多的知名企業家喜歡和她聊天，和她談事業，她也從這些名人身上學到了很多東西。不僅掌握了諸多人脈，同時自己也成為了知名的企業家。在那些和企業家們交流的日子裡，她成功地變成了一塊磁石，創造出了迷人的風采，成功的受到了他人的肯定。

因此，我們需要學習的不只是無盡的勇氣，還要懂得說話和交流的藝術。

談論自己的事情時，要引起對方興趣或好奇，因為這種話題有助於雙方的反應，有人很健談，他們的話題在性方面打轉，但是不會讓人感覺骯髒，有強烈的個人主義，但是絕不虛偽，風趣但不譏諷。

接觸的藝術需要訓練，一位新聞記者朋友說，他可以在任何職業或社交場合中暢所欲言，因為在二十年的從業期間，他拜訪接見過無數的人，已經建立了無比信心。換句話說，一個人和不同的人接觸，會產生完美愉悅的經驗，也有可能會因語言乏味話不投機。總之，自信和誠懇是你認識新人的兩大基石，當你的自我獲得滿足時，別人拒絕你，你也能微笑地說：「這是他們的損失。」

在拓展交友能力的過程中，會因為焦慮而產生困窘的情緒，如果你感覺緊張，那是因為你太在意自己帶給對方什麼樣的印象，太在意接觸所產生的效果，如果你認為強度不夠，加大強度有可能給人留下一個失真虛偽的印象。記住，不要欺騙或誇張，因為別人可以感覺到你的虛偽，而將你拒之門外。

只要你能以開放而誠懇的態度來接近別人，便建立了自我尊嚴的基石，並且容易為人所接受，所以你去會見職高位尊的人時，必須表現出你的真面目。請記住自我介紹的四個原則：

1．對自己要有信心。

2．所說的話要有創意。

3．將自己全部的注意力用於對別人的關懷上。

4．體貼別人。

成功的接觸，必須是心的真誠往來，如果你只是想藉此利用他人，不論你的理由有多充

分，一旦被發現，也會被摒棄在關懷的大門之外。

去會會職高位尊的人，除了獲得以上這些收益之外，你還有可能多一個極為出色的朋友，或者從那個職高位尊的人身上學到一些優秀的品行或才能，這些收穫對你今後生活的順利和事業的開拓有重大作用。

當你有一天也成為一個職高位尊的人時，你會時時想起自己年輕時的這次會見，並為自己的這種鍛鍊感到慶幸。這種鍛鍊是你人生中的一件大事，你美好人生的許多起步就從這裡開始。

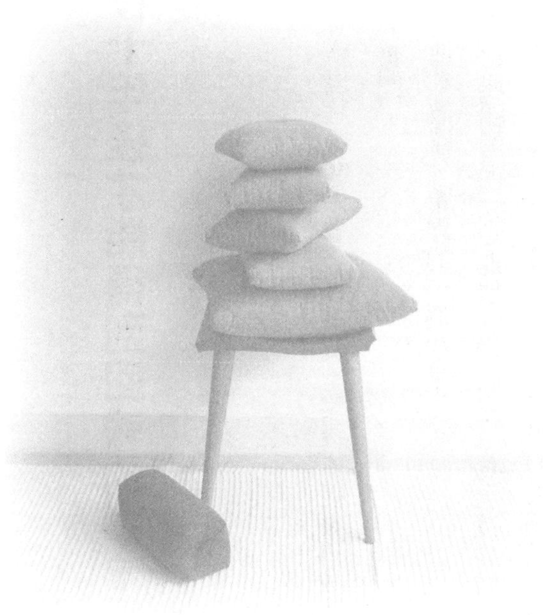

22 做一件十年後才能得到回報的事

靜下心來，認真考慮一下你的財務現狀，開始做一件投資十年後才能獲得成功的事情，最重要的是要懂得：成功是一連串的奮鬥。

在說明這個問題之前，我們先走進拿破崙．希爾的一個故事：

我最要好的朋友是個非常有名的管理顧問。一走進他的辦公室，馬上就會覺得自己「高高在上」似的。辦公室內各種豪華的擺設、考究的地毯，忙進忙出的人潮以及知名的顧客名單都在告訴你，他的公司的確成就非凡。

但是，就在這家鼎鼎有名的公司背後，藏著無數的辛酸血淚。他創業之初的頭六個月就把十年的積蓄用得一乾二淨，一連幾個月都以辦公室為家，因為他付不起房租。他也婉拒過無數的好工作，因為他堅持實現自己的理想。他甚至被顧客拒絕達上百次，拒絕他的和歡迎他的客戶幾乎一樣多。

就在整整七年的艱苦掙扎中，我沒有聽他說過一句怨言，他反而說：「我還在學習

啊！」這是一種無形、捉摸不定的生意，競爭很激烈，實在不好做。但不管怎樣，我還是要繼續學下去。

他真的做到了，而且做得轟轟烈烈。

我有一次問他：「為什麼要把自己折磨得疲憊不堪呢？」他卻說：「沒有啊！我並不覺得那很辛苦，反而覺得是受用無窮的經驗。」

看看「美國名人榜」的生平就知道，這些功業彪炳千秋的偉人，都受過一連串的無情打擊。只是因為他們都堅持到底，才終於獲得輝煌成果。

天下哪有不勞而獲的事？如果能利用各種挫折與失敗，來驅使你更上一層樓，那麼一定可以實現你的理想。

教授們都知道，從學生對於成績不及格的反應可以推測他將來的成就。拿破崙．希爾在大學授課時，曾給畢業班一個學生不及格的成績，這個打擊實在很大。因為那個學生早已做好畢業後的各種計畫，現在不得不取消，非常難堪。他只有兩條路可走：第一是重修，下年度畢業時才拿到學位。第二是不要學位，一走了之。

在知道自己不及格時，他一定很失望，甚至對拿破崙．希爾不滿。拿破崙．希爾猜得不錯，果真學生跑來理論了。拿破崙．希爾跟說他的成績太差以後，他自己也承認對這一科下的功夫不夠。

但是，他繼續說：「我過去的成績都在中等水準以上，你能不能通融一下，重新考慮呢？」

拿破崙．希爾明確表示辦不到，因為這個成績是經過多次評估才決定出來的。拿破崙．希爾又提醒他，學籍法禁止教授以任何理由更改已經送交教務處的成績單，除非這個錯誤確實是由教授造成的。

知道真的不能改以後，他顯然很生氣。他說，「教授，我可以隨便舉出本市五十個沒有修過這門課照樣成功的人。你這門課有什麼了不起！為什麼讓我因為這一科就拿不到學位呢？」

他發洩完了以後，拿破崙．希爾靜默了大約四十五秒鐘。他知道避免吵架的好方法就是暫停一下。

然後拿破崙．希爾才對他說：「你說的大部分都很對，確實有許多知名人物幾乎不知道這一科的內容。你將來很可能不用這門知識就獲得成功，你也可能一輩子都用不到這門課的知識，但是你對這門課的態度卻對你大有影響。」

「什麼意思？」他反問道。

拿破崙．希爾回答他說：「我能不能給你一個建議呢？我知道你相當失望，我瞭解你的感覺，我不會怪你。但是請你用積極的態度來面對這件事吧！這一課非常非常重要，如果不由衷地培養積極的心態，根本做不成任何事。請你記住這個教訓，五年以後就會知道，它是使你收穫最大的一個教訓。」

幾天以後拿破崙．希爾知道他又去重修時，真的非常高興。這一次的成績非常優異。過了不久，他特地向希爾致謝，讓希爾知道他非常感激以前那場爭論。

「那次不及格真的使我受益無窮。」他說，「也許可能有點奇怪，我甚至慶幸沒有通過。」

你完全可以化失敗為勝利，請你從挫折中汲取教訓，好好利用，就可以對這個失敗泰然處之了。

拿破崙．希爾說過：「千萬不要把失敗的責任推給你的命運，要仔細研究失敗的事實。如果你失敗了，那麼繼續學習吧！可能是你的修養或火候還不夠的緣故。你要知道，世界上不少人一輩子渾渾噩噩、碌碌無為。他們對自己一直平庸的解釋不外是『運氣不好』、『命運坎坷』、『好運未到』。這些人仍像小孩那樣幼稚與不成熟；他們只想得到別人的同情，簡直沒有一點主見。由於他們一直想不通這一點，才一直找不到使他變得更偉大、更堅強的機會。」

馬上停止詛咒命運。因為詛咒命運的人永遠得不到他想要的任何東西。

成功是一連串的奮鬥。

在你開始做一件投資十年後才能成功的事時，你首先要記住的就是這一點。

在明白這個道理之後，下一步你就該懂得在做一件投資十年後才能成功的事時，毅力要與行動結合。

有許多滿懷雄心壯志的人有著無比的毅力，但是由於不會進行新的嘗試，因而無法成功。請你堅定你的信念，不要猶豫不前。但是也不能太死板，不知變通。如果你確實感到行不通的話，就嘗試另外一種方式。

那些百折不撓、牢牢把握住目標的人，都已經具備了成功的要素。

下面幾個建議一旦和你的毅力相結合，便更容易獲得你期望的結果：

1．告訴自己「總會有別的辦法可以解決。」

每年有幾千家新公司獲准成立，可是五年以後，只有一小部分仍然繼續營運。那些半路退出的人會這麼說：「競爭實在是太激烈了，只好退出為妙。」真正的關鍵在於他們遭遇障礙時，只想到失敗，因此才會失敗。

你如果認為困難無法解決，就會真的找不到出路。因此，你投資的是一件十年後才能成功的事，一定要拒絕「無能為力的想法」，告訴自己「總會有別的辦法可以辦到。」這樣做，你的事就會成功有望。

2．先停下，然後再重新開始。

人們時常鑽進牛角尖而不自知，因而看不出新的解決方法。

美國艾森豪總統有一次在記者招待會上被人問道：「為什麼你的週末假期那麼長呢？」總統的回答對於每一個愛動腦筋的人都很寶貴。總統說：「我不相信，一個人無論是經營通用汽車公司或管理美國政府，坐在辦公室埋頭批閱公文就是認真負責。任何機構的最高領導人都應該避免瑣事的干擾，應該把有限的精力用在基本決策上。只有這樣，才能做出更好的判斷。」

拿破崙．希爾以前的一個同事，每個月都跟太太到郊外度假三天。他發現，暫時放下手邊的工作換一下氣氛，然後再重新開始，可以提高他的工作效率，因而在客戶心目中顯得更能幹。

當你遇到重大的難題時，不要馬上放棄，先放下手邊的工作換換氣氛，當你回來重新面對原有的難題時，答案便會不請自來。

觀察好的一面，在重大的場合也很管用。有個年輕人告訴拿破崙．希爾，當他失業而走投無路時，如何把注意力放在好的一面。他說：「我當時在一家資訊公司工作。待遇雖然不怎麼好，但以我的資歷，還是還可以。那時經濟不景氣，公司不得不裁員。因此，對公司可有可無的員工就成為遣散的對象。一天，我忽然接到解雇通知。接下來的幾小時我真是萬念俱灰。後來，我決定把它看成是意外的不幸，其實是萬幸的事。我一直不太喜歡這個工作，要是一直留在那裡，我的前途不可能有所進展。所以，解雇正是找一個真正喜歡的工作的好機會。果然不久，我便找到一份更稱心的工作，而且待遇也比以前好。我因此發現被辭退這件事，確實是件好事。」

不論什麼情況，你所見過的正是你一直期望見到的事物。請你處處往「好」的一面想，這樣就能順利克服失敗的打擊。如果真能培養出觀察人的眼光，就會看到所有的事物都在往好的一面發展。

把失敗轉變為成功，往往只需要一個想法。你產生了投資一件十年後才能成功的事的想法，最重要的是如何把這種想法付諸行動。

3．學會專注。

見過攀岩嗎？攀向峭壁的人從不左顧右盼，更不會向腳下的萬丈深淵看上一眼，他們只是聚精會神地觀察著眼前向上延伸的石壁，尋找下個最牢固的支撐點，摸索通向巔峰的最佳路線。同一辦法對你也能有所幫助。每逢做事情時，不要把注意力放在你面前的整個任務上，集中精力完成今天該完成的工作，明天也是這樣，這樣一天天堅持下去，最終達到自己的目標。

4．建立必勝的信心。

碰到新情況時，人們往往花過多的時間去設想最糟糕的結局，這等於在預演失敗。史丹佛大學的研究顯示，頭腦裡的想像會按事情進行的實際情形，刺激人的神經系統。一個高爾夫球運動員囑咐自己「不要把球擊入水中」時，他腦子裡將出現球掉進水中的影像，試想這種心理狀態打出的球會往哪兒飛呢？

一位著名的擊劍運動員在一次比賽中輸給了一個與自己水準差不多的對手。第二次相遇，由於上次失利陰影的影響，這名運動員又輸掉了。儘管他並非技不如人。第三次比賽前，這名運動員做了充分的準備，他特意錄製了一捲錄音帶，反覆強調自己有實力戰勝對手，每天他都將這捲錄音聽上幾遍，心理障礙消除了，他在第三次比賽中果然輕鬆地擊敗對手。

你總能聽到在體育比賽中，弱隊戰勝強隊，大爆冷門；或是在商戰中，實力弱的公司戰勝實力強勁的公司。在諸多因素之外，用必勝的信心去迎接挑戰，是取得成功的基礎。

5．屢敗屢戰——最後的勝利屬於你。

無論你做了多少準備，有一點是不容置疑的：當你進行新的嘗試時，你可能犯錯誤，不管作家、運動員或是企業家，只要你不斷對自己提出更高的要求，都難免會有失敗。但失敗並非罪過，重要的是從中汲取教訓。

因此，那些跌倒了爬起來、拍拍身上塵土再上場一拼的人，才會在生意場上獲得成功。美國百貨大王梅西就是一個很好的例子。他於1882年生於波士頓，年輕時出過海，以後開了一間小雜貨鋪賣些針線。鋪子很快就倒閉了。一年後他另開了一家小雜貨鋪，仍以失敗告終。

在淘金熱席捲美國時，梅西在加利福尼亞開了個小餐館，本以為供應淘金客膳食是穩賺不賠的買賣，豈料多數淘金者一無所獲，什麼也買不走，這樣一來，小鋪依舊是倒閉。

回到麻塞諸塞州之後，梅西滿懷信心地做起了布匹服裝生意，可是這一回他不只是倒閉，而簡直是徹底破產，賠了個精光。

不死心的梅西又跑到新英格蘭做布匹服裝生意。這一回他時來運轉，買賣做得靈活，甚至把生意做到了街區商店。頭一天開張時帳面上才收入11.08美元，而現在位於曼哈頓中心地區的梅西公司已經成為世界上最大的百貨商店之一。

另一個飽嚐失敗滋味的零售商是詹姆士・卡什・彭尼。

彭尼在密蘇里州長大，高中畢業後在一家布匹服裝店當了十一個月的小夥計，共得薪水二十五美元。

彭尼的身體不好，醫生勸他常到戶外活動活動。於是彭尼辭職前往科羅拉多州，做起了零售商的生意，他把歷年所得全投進了一家小肉鋪。

肉鋪的最大主顧是當地一家旅館。這旅館的廚師兼採買是個嗜酒如命的人。有一天他對年輕的彭尼說，以後只要彭尼每星期白送他一瓶威士忌，他就把整個旅館的生意包給彭尼做。彭尼不肯，認為這是賄賂。於是他們之間的生意從此斷絕，彭尼的小肉鋪也開不下去了。

不得已，彭尼只好再去當地一家布服裝店當店員。他以行動和言詞說服了這家商店的兩名店主讓他成為第三名合夥人，即由他出一筆錢，加上原店的部分資金現貨，單獨去經營一家新店。這個主意就是連鎖營運最初的雛型。

過了幾年，彭尼開始了他自家的連鎖商店生意，他允許雇員享有自己從前曾經享有的機會。

當彭尼的連鎖店發展到三十四家時，彭尼公司誕生了。如今，這家公司已擁有兩千四百家分店。此外，它還涉足銀行、信貸和電子業。

當你似乎已經走到山窮水盡的絕境時，離成功也許僅一步之遙了。

6．絕不能等待。

在挫折面前，耐心等待並不是一種美德。因為在當今社會，假如你被解雇了，公司不會主動找到你，雇用你。如果你不採取行動，只是靜候佳音，等待只會浪費時間，坐失機會。等待的結果，最後會使你受制於不可抗拒的力量，而使情況更加棘手。如果你想解決問題，你必須負起責任，相信你自己解決問題的能力。如果期望別人的幫助，你只會得到失望，更糟糕的是你可能就得憤世嫉俗而一無所成。

7．全力以赴。

大多數人的失敗，並不是因為他們缺乏智慧、能力、機會或才智，而在於沒有全力以赴。即使生活平淡無奇，只要擁有足夠的熱忱，任何人都可能成功。

因此，你要做一件投資十年後才能成功的事情，除了堅持不懈地奮鬥之外，還要在實施過程中做到以上七點，如此，你的投資在十年之後，一定會得到豐厚的回報。

23 體驗一下失敗的感覺

大浪淘沙，優勝劣汰，成功總是屬於那些備嚐艱辛、異常頑強的人們！芸芸眾生在對成功者頭上的光環頂禮膜拜的同時，不禁悄悄地哀嘆：成功者如同鳳毛麟角，何年何時，成功之神才能對自己格外關照呢？在自艾自嘆的消極心態中，他們早已錯過了一次又一次成功的機會。

當我們綜觀歷史，橫覽世界，不難發現，一個出乎意料卻又合情合理的論斷如同閃電一樣照亮了漆黑的腦海——成功者無一不是戰勝失敗而來！成功無一不是血汗與機運的結晶！

當你想在未來成功時，你必然會遭受到失敗，你有必要去體驗一下失敗的感覺。能承受住失敗的心理才是強而有力的心理。

試著去做一件你不可能成功的事，真實地體驗一下失敗的感覺並學會正確對待失敗。

在失敗面前，至少有三種人：

一種人，遭受了失敗的打擊，從此一蹶不振，成為讓失敗一次打垮的懦夫，此為無勇亦無智者。

一種人，遭受失敗的打擊，並不知反省自己，總結經驗，但憑一腔熱血，勇往直前。這種人，往往事倍功半，即使成功，亦常如曇花一現。此為有勇而無智者。

另一種人，遭受失敗的打擊，能夠極快地審時度勢，調整自身，在時機與實力兼備的情況下再度出擊，重振雄風。這一種人堪稱智勇雙全，成功常常蒞臨在他們頭上。

按猶太人的二八黃金律，無勇無智者佔人類總數的80%，有勇無謀者與智勇雙全者佔20%，而在這20%的人中，再次運用二八黃金律，有勇無謀者佔80%，智勇雙全者只佔20%。如果在智勇雙全者中按二八黃金律再次分派，那麼，所謂真正的成功者佔不到1%，至於那些取得終身大成就者，更是少之又少，誠如消極人士所嘆，猶如鳳毛麟角。

但是，我們做這樣的分析，目的絕非哀嘆成功之不易，唱人生的挽歌，而是希望從中發現克服失敗的秘訣。毫無疑問，成功者之所以成功，就在於他的智與勇，尤其是智。如此簡單定律，卻讓人類繞上諾大的一個圈子，付出了無法想像的代價。

在一定的意義上，研究成功要從研究失敗開始，超越失敗則必然通向成功的彼岸。

正視失敗，洞見失敗，最終必定超越失敗。

與其他人一樣，你肯定也曾經做過這樣的夢：在夢中，你是一個被包圍在鮮花和掌聲中的成功者，你為自己的成功而歡呼雀躍……但是，你卻沒有把這夢中的鮮花和掌聲變成事實。儘管你是一個屢敗屢戰的堅強者、一個有遠大抱負的有志者、一個善於算計的精明者、一個被眾人普遍讚賞看好的優秀者。

一切怎麼會是這樣子？你的失敗令自己困惑。

你到底是怎麼了？你的失敗令他人感到不解。

其實，原因或許很簡單，因為你自己沒有去想或者沒有意識到自己存在著某些盲點。

「失敗是成功之母」，在很小的時候，你的父母或幼稚園的老師就這樣告訴你，並且還列舉了大量偉大的科學家、發明家、企業家、政治家歷經千挫百折才獲成功的例子做為證明。於是在你當時那幼小的心田裡「失敗只是有點讓人傷心，但並不可怕」的種子紮下了根，並且隨著歲月的沉澱和滋養發了芽。到了中學，老師又告訴你：「失敗是成功的踏腳石。」嫩芽破土而出，享受著陽光兀自茁壯生長起來。你無形中有了這樣一種潛意識：失敗是成功的先兆；只有挫折才能帶你走向成功。因而失敗非但不該是一件令人沮喪的事情，反倒實在應是可喜可賀了。甚至你還可愛地對自己浪漫地說：「只有風雨才能沖洗去掩於我臉上的塵埃，顯露出我英雄本色。」於是你不畏失敗，跌倒後爬起來再勇敢地奮進，而結果卻是悲壯地屢戰屢敗，屢敗屢戰，又屢戰屢敗……

這是為什麼呢？是上天對你太不公平呢？是命中註定你不成功嗎？

其實不是，你的屢戰屢敗只是你潛移默化地在失敗和成功的問題上形成了一個心理盲點，存在著一個心理癥結。你扭曲了失敗與成功的關係，認為只要不怕「失敗」，必然能「成功」，而沒有去深入想一想「失敗」這個詞的潛在意義。

當我們注視著「光榮的失敗」時，常常是像在舉行一次莊嚴的葬禮，在葬禮的氣氛中討論失敗可能是非常適合的，只是要把葬禮的對象換一換，把「你」埋葬掉。我們每一次痛苦的失敗，「血」都不會白流，那是我們生命的一部分，它們轉換刻骨銘心的感覺、感受、教訓、哲理，等待著「我們」！我們坐在葬禮中，是張開雙臂迎接我們的這些「孩子」，還是否定「他們」的存在？這才是我們能不能開啟勝利之門的關鍵。

走向成功的快捷方式是從失敗的地方再次開始。成功不是一片雲彩，風吹來雨送來；成功是一種「實在」，以往的「失敗」就是它的骨架，我們不從這裡開始又從哪裡開始呢？失敗給予我們的那些「東西」，也就是「成功」能給予我們的，有經驗的人都會贊同我的觀點。「搖搖頭，忘了過去，一切從頭重新再來」，這樣的態度也太輕浮了吧？

美國明尼蘇達州柴油公司的賽德里亞分廠，創辦初期經營很不景氣，產品的品質不穩定，機器的利用率低，工人的缺勤現象嚴重且工傷事故經常發生，各種內憂外患使其幾近破產。工廠的處境使廠長史密斯焦急萬分，但是面臨挫折和壓力，他沒有一味地蠻幹下去，更沒有退縮，而是找來各方面的專家人士研究分析工廠經營不佳的原因。經分析發現，其癥結在於實行的多層次領導管理體系。在這種管理體系下，主管與職員之間及各主管之間缺乏溝通。他們各自為政，致使整個工廠沒有通盤的計畫，處於一種得過且過的混亂狀態。

於是史密斯對症下藥，實行了一套新型的管理制度，重新設計工作範圍，改善勞動環境，全廠從經理到操作工全部編成以二十人為一個單位，從事一系列所謂垂直性工作。如清點存貨、採購原料、記錄生產費用、檢驗進貨、登記考勤和工作表現、編製預算、監督安全措施等。他給予每個組以較大的自由權，使它們有權自主地招雇新工人，辭退不稱職的組員。

由於柴油機的很多部件需要幾個小組合作，這樣無形中造成生產速度較慢的小組壓力，促使他們提高工作效率。史密斯替每個小組指派了一個顧問，取消了從前凌駕於工人之上令人討厭的監工。顧問的任務是培訓工人，幫助小組提高自治能力。新管理體系實行兩層領導制，最高一層是由廠長和董事組成的工廠作業組。它負責與公司總部共同制訂生產任務，擬定全廠的生產計畫及做出政策決定。第二領導層是工人代表會，由各部門推選產生，定期召開會議討論廠裡的各種問題。工人的意見由工人代表帶給工廠作業組。此外，史密斯本人還每星期都邀請一部分工人促膝談心。由於他注意談話內容的保密，因而很快取得了工人的信任。

總方案實施後，取得了令人鼓舞的成功，不僅令賽德里亞廠獲得了新生，而且很快成為總公司的明星分廠，而史密斯本人也因其在賽德里亞的成績被調往總部擔任副總經理的職務。試想，假如史密斯當時在挫折面前不認真分析原因，不改變原來的管理體系而一味蠻幹下去，無論他如何兢兢業業，恐怕等待他的只能是又一次失敗。

因而，屢戰屢敗者的處方就是：認真地對待你的每一次失敗。要痛定思痛，找出自己失敗的原因。在下一次奮進中引以為戒。千萬不可好了傷疤忘了痛，甚至自虐地流著鮮血還不知痛。這樣下去，總有一天，你會因傷痕累累或失血過多而變得無力拼殺，只有扼腕嘆息，悔恨終生。

一個人，如果在失敗之後，不去挖掘自己潛在的力量，不去重新奮戰，那麼等待他的還會是失敗。只有在失敗後發現自己真正能量的人，才能獲得成功。

奧里森．馬登對年輕人這樣說道：「我們的身邊有許多人不知道自己到底能做什麼，只會羨慕別人的成功；還有一些人是知道自己該做什麼，但就是做不好。這些人都共同存在一個問題，那就是他們還沒有找到自己自身真正的力量。」因此，逆境會像惡魔一樣纏繞在你身邊，引起你的恐慌。但是對逆境存有恐慌心理，是沒有用的，對那些成功者而言所有的逆境都不是恐怖地帶，而戰勝逆境是在展現自己的力量。

拿破崙有一員大將叫馬塞納，平時是顯示不出他的真面目，但是當他在戰場上見到遍地的傷兵和屍體時，他內在的「獅性」就會突然發作起來，他打起仗來就會像惡魔一樣勇

敢。

除非遭到巨大的打擊和刺激，人類有幾種本性是永遠不會顯露出來，永遠不會爆發的。這種神秘的力量深藏在人體的最深層，非一般的刺激所能激發，但是每當人們受了譏諷、凌辱、欺侮以後，便會產生一種新的力量來，一旦這種力量發揮出來，就能做從前所不能做的事。

有許多人。雖然他們已經喪失了他們所擁有的一切東西，然而還不能把他們叫做失敗者，因為他們心中仍然有一種不可屈服的意志，有著一種堅韌不拔的精神。

真正偉大的人，無論面對多麼大的失望，總能鎮定下來，這樣的人終能獲得最後的勝利。在狂風暴雨的襲擊中，那些心靈脆弱的人唯有束手待斃，但有些人的自信精神，卻依然存在，而這種精神使得他們能夠克服外在的一切困難，獲得成功。

24 不帶一分錢去旅行

在你還沒有下定決心不帶一分錢出門之前，可以先在家裡做一點實驗，看看自己的毅力如何。

方法是每餐減少食量，特別是主食的份量，蔬菜盡量生吃，數量不要減得太少，因為在陌生環境裡，蔬菜比主食更容易找到。菜裡少放鹽，盡量不放油，如果你有美食的習慣，更適宜採取這種方法，堅持兩個星期，如果能撐過去，便邁出了成功的第一步。

在節食的同時不再睡彈簧床，用木板、凳子、桌子搭成簡易的床鋪，或者乾脆席地而眠。不鋪墊被，和衣而睡，盡量少蓋或不蓋被子，看看你是否能睡得著、睡得香。

減少每天的飲水量，非乾渴難忍時不喝水，且只能喝一點點。據受過苦難生活煎熬的人說，餓肚子還不難忍受，如果沒有水喝是最難熬的，嚴重的人會虛脫、全身無力、大汗淋漓，那種滋味痛苦得無法形容。

如果時值冬天，你還可以鍛鍊對寒冷的適應能力，不穿衣服，使自己略感涼意，想辦法

用運動身體或其他辦法（不能烤火或到溫度高的地方去）驅趕體內的寒冷。上面這幾項如果你都嘗試過了，再有提到「飢寒交迫」這類詞時相信你會有深深的感觸。

如果在上面的幾項測試中你都能撐下來，不帶一分錢出門，就有了一個好的基礎，你已經初步具備對惡劣環境的適應能力。

好，現在你終於下定決心了，不帶一分錢，從北方走到海南島。旅途中什麼惡劣的環境都可能遇到，準備接受挑戰吧！

在旅途中，「吃」是相對容易解決的問題，人們都存在側隱之心，只要說清楚你的處境，用誠懇的態度去請求，總會贏得別人的理解，找到食物。困難在於你能不能有勇氣張嘴，你可能真的無法開口說出：「請給我一碗飯吧」，這樣的話。你寧可辛苦些，替別人工作換飯吃，這也倒是積極的態度。無論怎樣解決「吃」的問題，你在吃飽的時候不要忘了還有可能餓肚子，經常保持一定量存糧，以備急需。同時，每餐不要吃得太飽，保持一定程度的飢餓狀態，當由於某種原因無法正常吃飯時，適應起來會容易些。

縱使沿途總是遇見善心人士，但是長途旅行總會有餓肚子的時候，飢渴難挨，心緒波動，決心有崩潰的可能。推銷之神原一平應付這種困境的辦法是：為了磨練自己的意志，專門挑飄散著飯菜香味的飯店門前走，大聲唱歌，暗示自己早已吃過了、吃得很多、很好。據餓過肚子的人所言，克服飢餓感的方法之一是打亂一日三餐的習慣，可能的話隨時吃一點，餓了就吃，每次只吃一點點。這樣訓練的結果是，當你由於找不到食物而餓肚子時，只需在飢餓難挨時加一些心理暗示，再喝一些水，便比較容易撐過去，因為你的身體已經習慣了飢餓的狀態。如果還保持著一日三餐的習慣，到吃飯時找不到東西吃，那種滋味的確不好忍受，脆弱的人很可能因此投降。

從海南島到吐魯番，需要步行很長一段時間，況且還要爬山涉水。在沒有船的情況中，允許你搭車，但有一個條件，不允許利用性別角色引誘別人來搭載你，這主要針對女性而言。她們利用性別角色的影響力找便車太容易了。另外不允許以換工的方式來說服別人搭載你。你只有一條路，誠懇地向別人介紹你的目的，贏得別人的信任同意搭載你。搭載的路程要有一定比例，不超過總里程的15％。

一個人背著沉重的行李在山間公路上行走的確是枯燥乏味的事情，解脫辦法是天馬行空的幻想，轉移注意力在另外一些事物上：大自然的美景、回憶、還有對未來的憧憬，對情人的想念。即便是坐下來休息時，也要千方百計轉移你的神經對疲勞的關注，多想些快樂的事情。每天的行程結束後，如果條件允許，最好能用熱水泡腳，這樣可以盡快地消除疲勞，不影響第二天的行程。

「吃、住、行」當中最困難的要算「住」，放眼望去都是房子，卻沒有你的入睡之地，這種窘迫讓人心酸。其實，睡眠之地到處都是，只要你有一個睡袋，任何一處避風避雨的地方，你都可以躺下來睡。

要求到別人家借宿，這不是一件容易的事情，但你一定要嘗試。雖然對許多習慣睡彈簧床長大的年輕人來說，躺在土地上數天上的星星，能給他帶來不少微妙的感受；但到別人家要求借宿，並且努力說服別人，讓別人相信自己，這種挑戰具有更重要的意義。年輕人雖然有熱情、有理想、有幹勁，看起來很有活力，但就感情模式來講，常常是封閉型的：一切要合乎「我」的意願，否則「我」寧肯拋棄它。

當你希望透過自己的言語說服某個住戶，讓他留你住一晚上的時候，你實際上是在訓練到一家大公司去「毛遂自薦」，找到一份體面的工作。

某出版公司一天來了一個女孩子，要求見老闆，她的英文相當好，想到公司當編輯。由於這家公司目前沒有英文書的出版計畫，沒有聘用她，但老闆很認真地聽取了她的說明並記下了她的情況，日後把她推薦給了自己的一位同行。

那位小姐走後有人問老闆，為什麼對她這樣關照？老闆說：其實這位女孩子的英文能力並不如她描繪的那麼好，是她那種敢向陌生人、陌生事物挑戰的勇氣吸引了我，在別人刁難的提問面前，她一點都不慌亂，這是很可貴的個性。雖然我把她推薦給了同行，如果業務需要，我還會把她挖回來。

從這個女孩子的故事裡你能得到很多啟示，你也許費盡心機，終於說動了主人留你住宿，晚上，你洗完澡躺在雜物間的地板上，一天的疲倦向你湧來，由於今天的鍛鍊，你有信心日後說服一家有實力的公司吸收你，心裡的愜意無法言表。

不帶一分錢出門旅行。其實可以看成是年輕人白手起家、艱苦奮鬥的一個映照。當你企圖說服一個住戶留你住宿時，這種映照式的訓練達到了高潮，說服工作成功與否並不重要，重要的是你由此得到高強度鍛鍊。

前面說過，這裡再重複一次，不帶一分錢出門旅行，檢驗自己的生存能力，在這個訓練中，其意義不僅在於讓年輕人能夠承受住飢餓、寒冷的考驗。更重要的是，年輕人從這種旅行中，學到與人打交道的本事，這種本事也是生存能力的一部分。

旅行中，除了吃、住、行的原因外，你還會見到許多陌生人，從接觸人的廣度和深度來講，如果不是你今生中絕無僅有的話，也是最重要的一次。

25 與令人討厭的人打交道

有時我們必須要與一些令人討厭的傢伙打交道，一起工作，一起生活。這類人或許是你的頂頭上司，或許是你家庭的一個成員，總之你無法迴避他們。

這些難以相處的人大致可以分成七個類型：

1．敵視攻擊型：

這類人喜歡用訓斥和尖銳的語言來欺侮、壓倒別人，在所有話題上與別人相反，總之是他與眾不同，他正確、他比別人強。如果事物沒有朝他們認定的那種方式發展，就要大發雷霆。

2．抱怨型：

這種人總是不停地抱怨，對一切事物都有所不滿，卻從來不打算著手解決他所抱怨的事情。這或許是他們自覺沒有解決問題的能力，或者是他們不願意承擔責任。大多數情況下，以後者居多。

3．沉默無反應：

這種人對你可能提出的每一個問題、每一次請求都答以「好」、「不」或者咕噥一聲了事。

4．滿口應承型：

這種人通常有趣而且好交際，給人的感覺是理智、真誠、熱情。但他們從不兌現自己的諾言，如果你對他們抱有某種希冀，通常都會失望。

5．否定論者：

每當你提出某項計畫，否定論者總是以「這行不通」、「那不可能」為理由提出反對意見，以顯示他們的才能。不管你有多樂觀，他們也能使你變得灰心喪氣。

6．萬事通行家型：

這類人喜歡表現自己通曉一切事物的規律和背景，喜歡做結論，喜歡裝腔作勢。他們喜

歡把自己的意志強加於人，千方百計打擊你的自信心，使你覺得自己像個白癡。

7．優柔寡斷型：

在重大問題上遲疑不決，在一件本應很順利的事情上拖得你直冒火。非得外力逼迫他們必須做出決定時，才表示意見。喜歡十全十美的事物，然而也僅僅是喜歡自己，他們根本不會去做點什麼。

在我們談到這七種類型的人時，有一個前提需要確認，即我們基本上排除那些道德品格不好、蓄意要做壞事的人。這七類人所以難以相處，主要是性格使然。總體而言，要想行之有效地對付這些令人討厭的傢伙，充分瞭解他們的心理是十分重要的。

敵視攻擊類型的人有著一種極強烈的慾望，即向他自己和別人表明，他對外部世界的看法總是正確的，在他們看來，完成一件事物是很容易的，只要你按照他們的設想前進，無往而不勝。在這些人的內心，他們瞧不起周圍大多數人，認為無論學識還是工作能力，大多數人都無法與自己相比。

對付這一類人可以採取以下的方法：

第一種方法是：你要挺直自己的腰桿，如果你在他的進攻時驚慌失措，任其擺佈，那在他們看來，你就完全消失了，你的退縮正好又一次驗證了他比大多數人要強的結論。不但這次你被冷落，將來也照樣會遭遇冷落。你必須挺直自己的腰桿，表現得比他還要強勢，他才會揉揉眼睛，重新審視過去對你的評價。

第二種方法是：要給對方發洩怒氣的機會。如果你在他氣勢洶洶時正面對抗，就會挑起事端。如果你保持威嚴，兩眼緊緊盯住對方，先不開口，一旦他的進攻趨勢減緩，你立即出擊，便可大獲全勝。

第三種方法是：打斷對方的談話，不必客氣。根據當時的情況，適時打斷對方的談話，使他整個進攻的節奏被打亂。打斷他的談話後，你可以長篇大論發表自己的看法，也可以簡單地說幾句，待對方恢復談話後，再適時打斷他，騷擾對方，達到削弱他氣勢的目的。

第四種方法是：隨時準備做出友好的表示。我們並不是在和魔鬼打交道，論戰的對方有時與我們關係很親密，所以有衝突是性格因素使然。如果我們一味堅持進攻，很可能造成兩敗俱傷，人際關係也會受到傷害。因此，在爭論過程中隨時準備做出友好的表示，拍一拍對方的肩膀，給他端來一杯水，能有效地緩解衝突的緊張程度，消弱對方的氣焰，進而達到取勝的目的。如果對方是你的長輩或你的頂頭上司，更是要注意剛柔相濟，文武兼備，既要不怕對方的權威，又要指出他的謬誤，並闡明自己的觀點。「請稍等，要是你認為我不知道誰是這裡的老大，你就錯了。你是上司！不論你最後怎麼決定，我都會盡全力去工作。可是對於我應該執行什麼樣的方針，我有自己的一些想法。」

抱怨型的人可以細分為兩種，即直接抱怨型和間接抱怨型。直接抱怨型的特徵是針對與你直接有關的事物，從你的桌子太亂到你工作方法的設計；間接抱怨型抱怨的事件是與你不直接有關的事物，他們在抱怨時把你當成一名忠實的聽眾。

抱怨型人心理最顯著的特點是，他們對現存事物的無能為力。即使他是個領導者，當他抱怨下屬做事不合他心意時，也是一副無可奈何的樣子。

抱怨型人對事物的抱怨，通常非常模稜兩可，既可以看成他對被抱怨者的警告，也可以看成他退卻前的前奏，或者僅僅是一種自我安慰罷了，「我已經說過了，盡過力了」。不能以此來解決對某些人、某些情況而言，抱怨還意味著推卸責任。

在大多數情況下，抱怨者所抱怨的事實確實是存在的；大家討厭這種人，主要是討厭他解決問題、表達觀點的方法。對抱怨者的反擊也是從這方面入手的人。

對付抱怨者的第一個方法是全神貫注地傾聽。有人會不以為然：「我們所以討厭那些傢伙，就是受不了他們的嘮嘮叨叨，我怎麼可能去聽他的廢話？」

耐心傾聽抱怨者的敘述的確是一樁很困難的事，但同時它又是一件強而有力的人際關係工具。在很多情況下，抱怨者抱怨某些事實不合自己的心意並不是他的初衷，完全是他對某個人有怨恨的情緒，才找來具體資料填滿情緒的中空，他所要求的其實只是希望有人聽他敘述，他所中意的只是敘述這個動作，這是他獲得紓壓的方式。從極端的角度講，如果每個喜歡抱怨的人在敘述時都能找到忠實的聽眾，大多抱怨者就要改行了。

對付抱怨者的第二個方法是承認確實存在的事實，不論是自己的還是他人的，都不要迴避事實。如果涉及到自己，最好能做出善意的解釋或道歉。承認事實是阻絕抱怨者嘮嘮叨叨的有效方法，因為他所以要嘮叨要抱怨，就是假設別人不肯承認事實。你承認了的確存在的現實，撤了「火」，抽出他抱怨的「內核」，就等於消弱掉「抱怨」這個動作，畢竟他不能不停地說：「我要抱怨，我要生氣」而說不出一點具體的事實。

對抱怨者抱怨中那些不符合事實的部分要適當反擊；陳述事實真相而不加評論。喜歡抱怨的人通常沒有強詞奪理的勇氣，他們更擅長用唯美的標準來分解現實，進而引發抱怨。如果你從事實出發，用詳細的分析否定抱怨者那種似是而非的議論，你就取得了主動權。如果你不注意從陳述事實的角度開始反擊，用非常情緒化的語言去交涉，就有可能陷入到「指責——辯解——反指責」的惡性循環中。

陳述事實，不加辯解，是對付抱怨者的第三個有效方法。從上述的分析可以看出，抱怨者是一些很懦弱的人，他們不停地抱怨一是為了掩蓋內心的不安，二是推卸自己的責任以求自保。對付這類人，只要抓住了這一特點，就能想出許多辦法來。

如果所有的方法都試過了，抱怨者仍然沒有停止那「流鼻涕式」的絮叨，還有一招也許可以扭轉局勢：你可以對兩人之間這場無意義的談話結局做一個展望。「請等一下，老

王，你到底希望我們之間的討論得到什麼結果？一下午我們都在討論你那台機器，你到底想不想修好它呢？想不想讓你汽車配件廠迅速恢復運轉？」你應該要有覺悟，第一次試用這種策略時，它未必有效，抱怨者仍會把注意力放在剛才爭論不休的事情上，你應該再次適時插話，再嘗試一次這種辦法。

如果你想與之交談的對象對你的問題、敘述一言不發，你便無從知道他在想什麼，面對這種沉默無反應型的人，該怎樣對付呢？

同樣是一言不發，卻可能是完全不同類型的人。對一些人來說，一言不發是應付那些可能令人痛苦的人際往來，他有著一些無法對人說明的隱痛。對另外一些人來說，沉默的意義在於它是一種有效的進攻，他非常習慣用這種方法來傷害人。如果想要傷害與之交流的人，就其手段的巧妙和安全程度而言，有什麼能與沉默這種方法相比？高傲者常常用沉默的方法對待他不屑為伍的人。如果你對某種事物一無所知，一言不發是逃避別人提問的最好方法。如果你想掩飾內心的驚慌，也可以一言不發。

對待一言不發者最好的方法就是「以其人之道還治其人之身」，友好地、默默地注視著對方。

對一言不發者來說，他已經習慣了沉默不語帶來的勝利，你叫得越兇，他越感覺安全。如果你也採用與他同樣的方法，他的安全設防不存在了，他就會不安起來，有時他會主動找話題來與你交談。

對你來說，友好地、默默地注視有兩個好處，一是為整理自己的思緒提供一個空檔，二是可以使用等待的這段時間做些自己急需做的事情。

在沉默的過程中，你並不是無事可做，認真觀察對方各種細微的變化，尋找突然開口打破對方防線的機會。對那些老練的一言不發者，如果你察覺對方在跟你進行「看誰耗得過誰」這樣的較量時，你應該結束這個動作，尋找更有效的方法。

對那些老練的一言不發者，最有效的方法是把談話引到一個雙方都有利益的情境，逼對方開口。譬如你與他討論某件事無法得到反應，可以先找另一個話題，逼他開口做出決定，否則他就會蒙受損失。只要他開了口，便不容易再沉默下去。

滿口應承型的人雖然表面上討你高興，但就造成的傷害而言，這類人也許是最令人討厭的傢伙。

滿口應承型的人輕易許下諾言卻從不兌現，是他們需要在公眾場合給人留下一個快樂、有情趣、有風度、熱情、樂於助人、是很重要人物的形象，他非常需要這個形象來掩飾自己的天生不足。也有一部分人，他們滿口應承是為了避免在公眾場合發生衝突。

瞭解了這類人的心理特點，就不難找出應付他們的方法，在他們輕易做出允諾的時候，你可以直接提出這種諾言的重要性，以及如果不履行可能造成的傷害。譬如你可以這樣回應對方的諾言：「我非常贊同你的想法，因為我對我們之間的友誼充滿信心。」切忌採用暗示攻擊的方法，給對方勾畫一個輕諾寡信的形象，這樣會傷害對方，同時對你自己的形象也是一種玷污。

否定論者和我們一樣，內心深處都存有一種潛在的絕望感，否定論者將這種絕望感從潛意識層面提升到了意識的層面。

否定論者和抱怨者類似，對現實和自己的能力沒有充分的信心，所不同的是抱怨者連自己的人格力量都開始喪失，而否定論者還是要透過強化自己的人格力量來掩蓋內心的絕望。他們並不是有意識地要阻撓任何具體方案，他們要阻撓的是實施方案的人。「既然我都不行，你們肯定也不行。」

否定論者的可怕在於，他始終不渝而又合情合理地傳播著那種無可奈何的怨恨情緒，這種情緒像一種傳染病，會很快地蔓延到我們身上。比如某個主管是個否定論者，他手下的人正在為是否向他提出某項計畫爭論，這時有人出來說：「我看算了，即便是再好的計畫他也不會同意，從來都是這樣。」鑑於以往的經驗，大家不得不同意這個人的意見，絕望的情緒一下子就傳染給在場的每一個人。

對付否定論者，自己首先要保持樂觀，堅信局面會改變，不要受絕望情緒的傳染。同時不要試圖說服否定論者放棄他的悲觀情緒以及他為具體方案找出的否定論據，後者是他的

「得意之作」。應該客觀地看待否定論者所預言的不利結局，把它看成是潛在的問題，在肯定這個問題的同時也展開實現的可能性，就像是一隻鳥展開牠的雙翅，用樂觀的情緒感染否定論者，期望他能改變自己的觀點。對那些有權勢的否定論者來說，能夠不反對下屬的計畫已經是天大的轉變了，不要期望過高，尋求他對這些計畫的熱情支持。

與抱怨者和否定論者相比較，萬事通行家型的人心境是很快樂的。他們總帶著一種絕對肯定、不容懷疑的腔調，儘管他們並非出於有意，卻使他人感到自己好像是受了他們的恩賜。當出了差錯時，他們往往認為過錯在於那些具體執行計畫的無能之輩。不過最令人喪氣的是，有的時候，這些令人無法忍受的傢伙往往證明是絕對正確的，因此更令他人感覺受到了污辱。

萬事通行家型的人，他們堅定的語氣來自於他們對知識的掌握。如果我們深入研究一下這類人的心理歷程會發現，這種好為人師的習慣往往來自於早年自尊心受到極大傷害的經歷。為了消除這個陰影，他們緊緊抓住了「知識」的法寶，一旦有機會，便不遺餘力地表現自己，以求心理上的滿足和平衡。

如果你討厭這類人，要想反擊他們，你就要做好準備工作，如果你不能在「知識」這塊土地上打倒對方，你就不可能取得最終的勝利。在實施攻擊的時候，不要急於進攻，要注意傾聽對方的談話並表示你聽懂了，而且鼓勵他繼續下去，這樣你就有充裕的時間來尋找對方的破綻。一旦抓到，立即實施攻擊，力求一次打垮對方。

對付這類人的另一個有效的方法是自己提出更出色的答案，雖然你不直接對他們提出挑戰，但就震撼力而言是一樣的。

當然還有不負責任的一招，就是鼓勵他們繼續盡可能地說下去，充分利用他們的興奮度，將話題引向荒謬，導致他們得出荒唐的結論。

遲疑不決者是我們將要分析的最後一種類型。他們所以遲疑不決，一是他們有難言之隱，又不願直接表白；二是他們有意拖延，期待事物朝對自己有利的方面變化，由於常用此法，給人習慣拖延的感覺；第三種可能是出於善心，他可能是為你考慮，故意不將你的錯誤決定立即實施。

對付拖延者的最有效的辦法是逼他們把問題公開化，不管是何種原因，公開問題是打破拖延行為的關鍵之處。應該創造一種開誠佈公的氣氛，鼓勵拖延者主動談出原因，充分尊重他們的思考。對於喜歡用拖延法取勝的人，要適時結合具體進展指出這種方法的荒謬之處。

如果造成拖延的原因在自己，或對方是出於為你考慮的因素故意拖延的，一定要認真思考對方的擔心是否合理。

26 每天堅持讀書

書是人類進步的階梯，也是一扇通向成功的隱形門。因為其中藏有暗鈕，按下去你便可以放出你內在的力量——那是你擁有的但還未經開發、使用的巨大資源。這些資源一經開發，便會引起一連串的連鎖反應，以協助你獲得真正的成功。

一本書是一種表達，如果你想要激發自己和他人上進，最明智的選擇就是用一本書來表達。

你首先要閱讀能帶給你上進動力的書籍，這些書籍不僅能引發讀者良好而積極的反應，重要的是，它對你今後的工作和人生價值的實現有著不可輕視的作用。

俗話說，思想支配人的言行。二十世紀的美國特別幸運，一群具有獨特天才的作家脫穎而出，他們的作品所播撒的思想種子，能激發尋求自我實現的人們獲得上進的動力。這種上進的動力和收穫是你在具體工作或生活中無法得到的。

有的書籍早已不再印行，可是其中蘊含的真理，今天依然與它們撰寫時同樣有效，如果

書店已購買不到，你應設法在圖書館或藏書人那裡借來一讀。錯過這種書，你等於錯過了一個自己暗戀的人。

你認真閱讀、研究、瞭解與應用富有展示性與指導性的書籍，並且著重閱讀你所能找到關於你自己行業中成功人士的一切報導、自傳，以決定什麼是你能夠用以獲得成功的原則。也要閱讀一些別人行業中成功人物的故事，以尋找他們的共同特質與所蘊含的原則，進而學到對自己有用的處理具體事情的方法。

在閱讀過程中，與人共用你擁有的優秀書籍不僅僅是一種做人的修練，也是一種處世的聰明之舉。

勃朗尼．烏愛絲就明瞭這個道理。她需要養活自己與她患病的兒子。她微薄的薪資供應不了她兒子的醫藥費用，因此，她想在陶普衛爾家庭公司得到一份兼職，以求增加她的收入。

她需要錢。有了錢，她的兒子就可以得到最好的醫藥，他們可以搬到氣候能夠幫助孩子恢復健康的地方去。

聰明的勃朗尼．烏愛絲向書籍祈禱求助。她得到了它。

她讀了一本富有啟示性的書，《思考與致富》，她讀了一遍又一遍，實際上讀了六遍。

然後她找到了她所尋求的原則，於是有些事情發生了，而且是她促其發生的。她知道了這些原則可以如何應用在她的情況中，於是這些觀念被付諸實施。不久，她在陶普衛爾的收入超過了一萬八千美元一年。沒有幾年，她的收入增加到七萬五千美元一年。在相當時間內，她又變成這家公司的副總裁兼總經理。勃朗尼．烏愛絲是享譽美國的傑出女銷售經理之一。她仍繼續從事她很成功的事業，後來則成為維凡．伍迪化妝品公司的總裁。

這位傑出的職業婦女的成功，是以一本書開始，又以一本書繼續下去。她的成就大多是由於她的推銷代理人受到了成功的激發。她將自己閱讀《思考與致富》所學到的，與自己的下屬分享。她還把若干冊這本書送給她的推銷代理人。這些人受到鼓勵多次閱讀該書，並把書中的原則應用到他們自己的工作和生活中，進而獲得不同程度的成功，這些下屬不同程度的成功又推動了勃朗尼．烏愛絲獲得更大的成功。

該如何讀一本書？

閱讀是有技巧的。你閱讀的時候，要專心，想像作者是你的老朋友，並且他是為你，單獨為你而寫的一樣。

你可以回憶亞伯拉罕．林肯的故事，他閱讀書籍的時候，要用點時間來看，以便將書中的原則，反覆思考之後吸收為自己的經驗。這是一種值得效法的模式。

在你閱讀一本書之前，要決定你所尋求的是什麼。如果你知道你所尋求的是什麼，比起沒有特定目的來說將是一種不小的收穫。你如果真正想要認識、吸收、應用一本書中的成

功原則，你必須把這本書讀進去，而不能走馬看花似地應付。如何有效閱讀書籍？下面這四種步驟你不妨參考著去做：

第一步，簡單瀏覽。

這是第一次閱讀，應該是快速的閱讀，抓住書中的總結思路。不過也應該花些時間瞭解一下重要的名言佳句。最好在頁邊空白處做點小注，大略記下你讀時映射到心中的觀念。這當然是要你自己的書才做得到。不過簡記、小注可使你的書對你更富有價值。

第二步，為特別著重事項而閱讀。

第二次閱讀是為特別的細節而閱讀。應該特別注意，以求瞭解，而且真正領會到書中呈現的任何新觀念。

第三步，為將來而閱讀。

第三次閱讀是記憶行為多於閱讀行為的閱讀。逐字記住對你有特別意義的段落。找出它們與你目前遭遇的問題的關聯，新觀念需加以測驗與試用，無用的剔除，有用的則應用習慣的形態予以保留。

第四步，日後再閱讀以恢復記憶，以此重新激發你的靈感。

有一個著名的故事，一位推銷員站在推銷經理的面前說：「再給我說說那個推銷的老故事吧！我有點感覺洩氣咧！」其實，不僅僅是那個推銷員會洩氣，你常常也會產生洩氣的感覺，這種時候，重新讀讀你所認為最好的書，再燃起第一次曾經推動你的那一把火。這把火會點燃你所有的勇氣和信心，照亮你前進的路。

讀破萬卷書

一本書是一種表達，萬卷書該是多少種表達呢？你讀的書越多，你懂得的表達越多，你在具體生活和工作中的選擇餘地也就越大。

你懂得一本書要如何讀之後，你就掌握了萬卷書該如何讀，對你來說，掌握一種方法同時意味有了一把打開暗鎖的鑰匙。眼前，你打開暗鎖，開啟你一生中一個新時代的開端。

為什麼這樣說呢？

你不妨試用你選擇的一本書對你所獲得的實際成果來加以評論。

例如，著名的「成功推銷組織」的領導邁克爾，曾讀過《思想與致富》，吸收了對自己工作有用的部分而加以實踐。這幫助促進男人、女人、兒童們的健康，因為他推銷一種含有維他命與礦物質的輔助食物。他們的推銷金額每年多至若干億美元。

他成功的一部分，是由於他以心靈與精神上的「維他命」激發他們的分銷人。他們閱讀激發他自己的那本書，每位新進的雇員，都要接受關於啟發的演講課程，教授他們成功的原理。他們分發了成千上萬的這種書籍，因為他們知道這些書在推銷活動的生產力與成功上，能夠產生驚人效果。

反覆閱讀，找出有用原則為你所用，便將展開人生新時代。

在讀了萬卷書，你已做出最佳選擇之後，接下來應做的該是認真對待你自己選擇的這本書。

克沙至里發覺，要閱讀《思考與致富》多次，才能找出自己能用的原則，你也可以反覆研讀你目前最需要的書籍，以發展你的心靈力量，而且實踐應用書中的原則，成功的召喚就會降臨。

為開創自己人生的新時代，你讀書時要注意以下幾點：

1．專心。

2．把作者當做你的朋友和親人，把書中的文字當成是為你寫的。

3．採取行動——實踐你所選擇的書中對你有用的原則。

你已是一個比從前更加優秀的人，你的世界已是一個比從前更美好的世界，因為你藉由讀書，已開始選擇和實現自己人生的新目標了。讀過萬卷書後，你已擁有了驚人的力量，它能幫助你獲得一切成功。

27 成為所從事行業的領導者

世界上規模最大的飯店王國創始人康拉德・希爾頓曾經說過：「要成功致富，一個人必須成為他所從事行業的領導者。」

是的，人一出生就被劃分成兩種角色，領導者與被領導者（即追隨者）。而我們也常聽到這樣的話，「如果不能領導別人，那你就等著被別人領導吧！」

不是說身為一個追隨者不好，沒有什麼大成就，但是如果你成功成為自己所在行業的NO.1，等待你的不僅是眾人所期冀的鮮花和掌聲，還有內心的富足。這種富足感是其他事情沒有辦法帶給你的，這是成就感的一種延伸，在這個過程裡，你成為眾人眼中的核心，大家對你馬首是瞻，你的決策正確與否往往決定著一個團體能否走向成功。

當我們意識到成為一個領導者是我們的目標時，你應該考慮的就是如何使自己成為本行業的領導者。

你首先要清晰地認識到自己是核心人物，你的言行舉止、感情智力都將影響朋友。你要

具備超過他們的優秀素質。

一般而言，做為未來的領導者，必須具備以下十條重要素質：

1．毫不動搖的勇氣：沒有跟隨者願意接受缺乏自信和勇氣的領導者指揮。

2．良好的自制力：不能控制自己行為的人永遠不能控制其他人。自我控制為跟隨者樹立了榜樣，他們會更聰明地進行仿效。

3．堅定的決心：猶豫不決的人顯示，他不能肯定自己，不能成功地領導他人。

4．迷人的個性：跟隨者不會尊重一位性格上各方面都有缺陷的領導者。

5．強烈的正義感：沒有公平的正義感，任何領導者不可能指揮和獲得下屬的尊敬。

6．奉獻精神：領導者所負責的工作要超出跟隨者所負責的工作數倍。

7．有責任感：成功的領導者必須願意為跟隨者的缺點和錯誤承擔責任。

8．具有協調能力：成功的領導者必須懂得和運用合作力量的原則。

9．具有溝通能力：勇於與他人溝通，學會扮演多重角色、多層次地與他人進行廣泛而深入的互動。

10．勇於冒險並要有創新精神。

這十種特質不是與生俱來的，是後天逐漸鍛鍊和培養出來的。如果想成為一個成功者，在你人生的道路上就要使自己漸漸具備這十種特質，這十種特質是對一個領導者的內在要求。而當你具備了這十種特質後，面對幾個擁有不同意見的朋友，你更要懂得領導他人的外在用人原則。用人原則中有很多項注意事項，其中最重要的兩條是關於網羅人才和寬容精神。

如果你想成功，你就必須學會網羅人才，把那些南轅北轍的意見整合在一起，發掘他們的優勢為你服務。你觀察一下遷徙的候鳥，你不禁要問牠們為什麼以「V」字形飛行。據生物學家研究指出：這樣飛行可以合理利用群體的力量，減低氣流衝撞造成的壓力。在飛行中，「領航員」承受的壓力最大，所以，牠們輪流領航，一隻累了，由另一隻跟上。團體飛行，可比單獨飛行距離省72％以上。

美國鋼鐵公司創始人卡內基就是一位出色的「領航員」。他那龐大的財富，就是集體智慧的結晶。雖然，他擁有為世人稱道的財富，但他絕非一個孤獨、獨裁式的財閥；相反，他喜歡與人共同創造財富，共同分享財富——他可以說是「智囊團」這一觀念的現身說法者。

卡內基原本是一個毫不出名、且對鋼鐵生產知識知之甚少的小工人，但當歷史將他推向鋼鐵事業時，他毫不猶豫地接受了命運對他的挑戰。由於他堅信事在人為，堅信在這個世界有一些專業知識比自己豐富得多的人物，只要充分利用他們的優勢，把他們集中到自己麾下，一定能夠成就偉業。於是，他四處網羅人才，用近五十名專家組成了智囊團，這些

人都與他有著共同的目標——即推廣鋼鐵業。在他的創業過程中，正是經由無數專家的出謀劃策，才解決了生產經營中許多的疑難雜症。正是這股無與倫比的心靈力量融洽凝聚在一起，產生了美國歷史上第一個「財團」。

知人善任，是卡內基成就事業的第一要訣。卡內基在談及他成功的原因時說道：「我的工作就是激發他們（智囊團）提供最佳服務的願景。」卡內基把人視為企業的最寶貴的財富，他曾經說過：「將我所有的工廠、設備、市場、資金全部奪去，只要保留我的組織成員，四年以後，我將仍是一個鋼鐵大王。」在卡內基的智囊團裡，各方面的專家形成了合理的智慧機構，對所有重大問題，智囊團都能提供切實可行的解決辦法，因而有力地推動卡內基事業的發展。煉鋼專家比利．鍾斯，就是卡內基鋼鐵王國裡的一個得力助手，在匹茲堡兢兢業業為他做事。希爾也曾是他智囊團內的人物。由於卡內基的慧眼識英雄，經過反覆甄選，相中了希爾這位年方弱冠、名不見經傳的年輕人為「衣缽傳人」，口授心傳，引薦他去研究美國五百多位富豪的成功史，才造就了一代奇才——成功學第一代大師拿破崙．希爾。

卡內基的深謀遠慮，通權達變，心懷寬廣，器量宏大，能包容人、教育人，足以讓後世的管理者們引為楷模。

樂於寬容他人，是卡內基博愛精神的體現。他曾說：「最重要的，成功者要明白寬容之道，切勿一味貪得無厭地自我為王，自以為是，而不懂得寬容他人，當我們明白財富的增長是因為大家肯『互惠互利』時，我們就會知道與一群志同道合的朋友互相交流的重要性。那些將自己封閉在『自我中心硬殼』裡面的人，是自私而不能自利的。」他既然如此說，也是如此做。

本世紀初，面對同行惡性競爭，卡內基非常氣憤，決定進行報復。雖然他那時已對金屬線、導軌、鐵箍、鐵皮等生意失去興趣，但他還是決定將生鐵賣給那些企圖侵害自己利益的公司，他要他的得力助手查理斯．施瓦布將敵人趕上絕路。施瓦布不負厚望，以他個人獨具的演說魅力，從未來世界對鋼鐵的需求，談到了專業化；從關閉效益差的工廠，把精力集中在看好的行業上，談到了提高效益必須重組機構；還談到了礦石運輸體系，一般管理費用和行政部門的開源節流，捕捉國際市場訊息等等，說服了銀行大王摩根。根據摩根的建議，卡內基把自己的公司低價出售，聯合七家鋼鐵公司，成立了世界工業史上最龐大的鋼鐵集團。從此，美國鋼鐵公司不斷繁榮壯大，成為美國資產最大、實力最雄厚、擁有雇員超過二十五萬的超級大型企業。施瓦布因其出色的才能而被委任為公司總裁，直到1930年仍掌管著這個集團。

卡內基的不忌才，不疑才，肯寬容人，網羅人，獎勵後學，仁人愛物，變成了「商賈中之王者」。於是，智者為之竭其慮，能者為之盡其才，賢者為之盡其忠，愚不尚者為之陳

力。

在他死後，人們在他的墓碑上鐫刻了這樣幾行字：

這裡安葬著一個人

他最擅長的能力是

把那些強過自己的人

組織到他服務的管理機構之中

從卡內基的成功可以看出，當你想在未來成功時，你必須獲得別人的支配和配合，這是一條顛撲不破的真理。而現在，當你帶領幾個擁有不同意見的朋友去做同一件事情時，你所需要做的第一件事就是跟這些朋友交換意見，這是促使你們能順利成功一件事情的重要前提之一。

實行「交換意見」的具體做法為：

1．考慮並且體諒別人的處境

換言之，必須設身處地為別人著想。別人的興趣、收入、智慧與背景跟你大不相同。要讓別人替你做那些「你要他們為你做」的事情時，必須站在他們的立場，用他們的眼光來看。

2・設身處地位他人著想

當你徵求別人的意見時，領導能力的奧秘就在其中。你要不斷地告誡自己，如果我是他們，這件事情應該怎麼做才好！

3・考量周詳

最後你要做的是，當你帶領別人去做一件事情時，你要考慮周圍那些意見，處理事情時要多思考還有哪些不符合人性的地方。

第三點尤其重要，它決定了你所從事的事情能否成功。如果你在行動時，不慎重思考那些不符合他人人性的地方，你必將遭到慘敗。人人都用自己的方法來領導別人，其中最常見的一種方法就是在眾多分歧朋友中扮演獨裁者。

獨裁者的每個決定，都不會徵求相關人士的意見。獨裁者通常都維持不了多久，因為他的朋友很快便會感到不耐煩；真正有能力的朋友會遠走高飛，留下來的朋友大部分是素質差的，他們會相互影響，形成惡性循環，甚至可能聯合起來破壞對你所正在進行的事情。此時，獨裁者不得不嚴密防範能力比他強的人，企圖挽回頹勢，如此上下對攻，越演越烈，最後一敗塗地。

第二種領導方式是那種鐵面無私、不近人情的刻板方式。這種領導人處理任何一件事情，都要引經據典。他並不瞭解每一件事情只適用於一般標準而已。最糟糕的是這種領導人把別人看成機器，而人們最不喜歡的事情就是被看成機器。那些鐵面無私、沒有感情的效率專家並不是理想的領導者，因為幫他工作的那些「機器」只能發揮出一小部分潛能而已。

真正具備領導能力的人則使用第三種所謂「人性化管理」的方法，即當你帶領別人去做一件事情時，要多從他人人性的角度去考慮。

世界船王奧納西斯十分擅長運用「人性化管理」，他自己也受益甚多。他在許多細微的做法與行動上都明顯地表現出「你現在為我做事是我的榮耀，你是個很理智的人，很佩服你。我在這裡是想盡力幫你的忙」。

當一個遠道而來的新員工初進他的公司時，他會想到這個離鄉背井、出外工作的人可能遇到的不便，盡量幫他找一個住處。他還請兩個女職員幫忙，適時地在上班時間替員工舉辦生日舞會。這件事所花三十分鐘左右的時間不是浪費，反而是加強員工向心力的有利投資。當他知道某某人信奉那種信徒比較少的宗教時，他還會盡量為他安排，使他能參加該宗教的節日，因為那些宗教節日時常跟一般假日不一致。當員工本人或家庭生病時，他會抽空去探望，並且誇獎他們各種業餘的成就。

奧納西斯說：「有一句格言我一直記在心裡，就是，領導者應該愛護手下每一個人。」

正是他的人性化管理方式使人們永遠不會在私下批評他。他得到部屬忠誠不二的擁護。由於他使部屬獲得最大的工作保障，他本人也因此獲得最大的工作保障。到1981年，他擁有了大型巨輪兩百一十艘，總噸位兩千一百萬噸，居世界航運企業之冠。

你也像每一個年輕人一樣夢想著將來能夠成為卡內基式的人物嗎？那就腳踏實地地開始奮鬥吧！你要相信自己是個具備領導能力的人，你能夠帶領幾個意見分歧的朋友去做好一件事情，在這個過程之中，你要不斷地對自己內心重複一句話，那就是——影響他人，寬容他人，摯愛他人，只有他人的幫助，我才能走向最終的成功。

28 找機會在野外過一夜

當你在實際工作中做得太久，許多應有的思考會被忽略，找個適當的機會在野外過一夜，讓自己獨立面對自身、面對大自然、面對人類，體驗生命本身的含意，這種鍛鍊對你必不可少。

1．面對自身：

面對可能突如其來的飢寒、危險、意外，學會求生的能力。

一個人獨自在外，各種突發性因素很多，你能很好地保護自己而求得生存嗎？

你的進步需要活力與體力來推動，你需要創新。可是你的進步又將你武裝起來，墨守陳規，安於現狀，進而阻礙你的發展。你的保守阻礙了你的發展嗎？

你擁有怎樣的物質世界和內心世界？你怎樣讓物質世界的完善和內心世界的豐富來推動自己的人生？

面對生命本身，你都做了些什麼？你正在做什麼？你打算將來做什麼？

2．面對大自然：

你怎樣面對大自然？你怎樣面對大自然中偶然的、可遇不可求的、一晃而過、千載難逢的機遇？

為此，你在創新的過程中，要堅持，堅持再堅持。

據說有這樣一個故事：

弗蘭克曾對愛因斯坦說，有一位科學家堅持研究一些非常困難的問題而成績不佳，但卻發現了許多新問題。愛因斯坦感嘆地說：「我尊敬這種人。我不能容忍這樣的科學家：他拿出一塊木板來，尋找最薄的地方，然後在容易鑽透的地方鑽許多孔。」

愛因斯坦不能容忍的這種科學家確實存在，他們或短於見識，或急於名利，或迫於應付，匆匆忙忙地「鑽了許多孔」，數量可觀，但品質不高。既無實用價值，又未解決重大理論問題，忙忙碌碌，他們的論文，仍逃不出拋進廢紙堆的命運。

研究人員必須有與人鬥、與天鬥的大無畏精神。既要像布魯諾那樣與黑暗勢力鬥，又要與各種困難鬥。

不打持久的艱苦戰，絕不可能獲得重大的成就。大發現、大發明，都是長期艱苦勞動的產物，是汗水的結晶。

鐳的發現，也是一個富有教育意義的故事。

為了研究放射性元素，居禮夫人與丈夫數年如一日，百折不撓，堅持不懈地進行著繁重的工作。他們一公斤一公斤地煉製鈾瀝青的殘渣，從數噸鈾礦殘餘物中提煉出只有幾釐克的純鐳氯化物。他們工作的條件非常艱苦，奧斯特．瓦爾德參觀了他們的實驗室後說：「看那景象，竟是一間既類似馬廄，又宛如馬鈴薯倉庫的屋子，十分簡陋。」他們在困難條件下艱苦奮鬥，最終獲得了卓越成就，令後人肅然起敬。

3．面對他人的責難：

所謂「人言可畏」，說明了他人責難的威力。

拿破崙．希爾說：「面對責難時不妨想一想帕拉塞爾斯。說也奇怪，每逢困難的時候，我都會想起帕拉塞爾斯，因為人類對他至少已經爭論了近五百年。」

帕拉塞爾斯1493年生於歐洲蘇黎世，他為了否定舉世公認古羅馬最偉大的醫學家塞爾斯，給自己取了一個非常簡潔明快的名字——帕拉塞爾斯，意即「超過塞爾斯」。如果說「與世無爭」是一種傳統美德的話，那麼帕拉塞爾斯的確是大逆不道，似乎他生來就是為了向這個世界挑戰。他蔑視一切傳統，尤其是對當時的醫學實踐更是不屑一顧，公然將傳授一千多年的教科書扔進學生集會的營火裡，他主張放棄一切傳統的醫學方法，從實踐中尋找更有效的方法。他曾嘗試著用鹽、水銀等物質合成治療，創造了一種前所未有的療法，而這種療法的效果又不能不使皓首窮經的傳統醫學界瞠目結舌。

1552年，帕拉塞爾斯在瑞士巴塞爾用全新的化學療法治療著名的新教徒、印刷商約翰的腿部感染，把他「生命的一半從地獄裡帶回來」，進而享譽整個歐洲。巴塞爾市政廳不顧醫學界的反對，堅持讓帕拉塞爾斯在大學任教，結果，才使他那離經叛道的新世界觀得以傳遍天涯海角。

帕拉塞爾斯不是一個討人喜歡的人，不僅他的說教，即便是他的生活恐怕也難以讓傳統勢力所接受。然而人類的進步、科學的發現並非都是靠那些討喜的人去推動，人和人的行為本身並無好壞之分，只有當他的行為與社會和歷史發生碰撞後，從產生的後果上看，才能分別出好與壞。從這個意義上而言，帕拉塞爾斯的貢獻對人類進步是無可比擬、彌足珍貴的。遺憾的是，人們對不符合自己習慣的事總是蜚短流長、說三道四。這的確是人們的不幸。可喜的是，生命的多樣性又是人類的本質所在，正是有了像帕拉塞爾斯這樣一些滿懷熱情的人們，才有如此絢麗多彩的今天，我們沒有任何理由不對他們表示敬意。

帕拉塞爾斯帶給人類一個明確啟示，那就是任何發明、發現和創造實際上產生了一種人格，即無畏地去探索、去追求、去奮鬥的人格。只有這樣，人類才能在實現自己理想的道路上有所前進，有所進步，而那些死背教條、墨守陳規的人，即使皓首窮經、飽學終生也無濟於事，因為科學和進步不可能回首反顧。回首反顧，人類永遠不會走出自己童年的搖籃。

人們責難帕拉賽爾斯，但人類的進步需要帕拉賽爾斯精神來推動。套句拿破崙．希爾的話來講：人類需要進步，人類需要創新，創新要不畏艱難。

德國計程車的百年春秋正好證實這個深刻的道理。

計程車誕生於德國斯圖加特，在那裡，格特列．戴姆勒生產了世界上第一批汽車，但出租小汽車是另一個聰明的斯圖加特人的生意。

1896年7月26日，戴姆勒汽車公司的「委託書」一項中記載著一個訂單，號碼為1329，要求訂做一輛帶計程器的維多利亞汽車。訂單是由一個馬車公司的主人弗裡德奇．奧古斯特．格雷納發出的。格雷納成立了戴姆勒小型汽車公司，並於1897年將第一輛計程車投入營運。他把車輛存放在塞倫街的一個倉庫裡，即現在梅西蒂絲一賓士公司一個分公司的所在地。

在群山環抱的斯圖加特，顧客很歡迎這種新發明，因為它的時速可達每小時十八公里。

馬夫們不歡迎新事物，計程車搶了他們的飯碗，當汽車拋錨時，他們就譏笑計程車是「怪模怪樣的大玩意兒」，計程車每天受到類似充滿敵意的騷擾。

被稱為「鐵人古斯夫」的古斯塔．哈特曼就是那個時代的代表。做為最後一個車夫，他於1928年駕著馬車從柏林趕到巴黎以示抗議，然而卻以失敗告終，馬車時代終究讓位於汽車時代。

三〇年代早期，最受歡迎的梅西蒂絲汽車是馬力強勁的斯圖加特型。根據軸距的不同，該車分為兩種型號，分別為2.0或2.6升發動機，輸出馬力為38和50馬力。另外，斯圖加特型可以訂做成加長轎車、四門小客車或者敞篷小客車。

計程車在德國誕生，再一次啟示我們，不畏艱難地去創新吧！世界需要創新。

獨自在野外過一夜，拋開繁瑣的工作和生活，從另一個角度觀照自身、觀照自然和人類，體驗生命的原色——這不僅是一種思考與行動，也是你為靈魂荒漠澆水的一種方式。

29 到荒蕪人煙的地方去

人的許多煩惱都來自於對死亡的恐懼，甚至一些錯誤的根源也是這樣，缺乏對我們所處這個世界的瞭解，缺乏對「自然」的體驗。因此對年輕人提一個忠告：到一個幾乎無人煙的地方去，試著用你的心與自然對話。

現在，我們假設你已經開始了這種嘗試，來到一個地方，譬如中國的西藏——這個世界最高的地方，離天最近的地方。那裡地廣人稀，氧氣較平原少，人和生物都生活在相當艱難的環境中。假設有一天，你走在一片草原之上，綠色充滿了你的視野，天就在離你頭頂很近的地方，大地向遠方無限延伸，小動物從你的腳下愉快地跑過，這個時候你會向冥冥之中的無形力量詢問，我是誰？我生命的密碼是什麼？

生命起源之後四十億年的大部分時間裡，主要的生物體是微小的綠色海藻，它們佈滿了海洋。在距今六億年之前，海藻的壟斷地位被打破，新的生物急劇增加，這個事件稱為「寒武紀爆炸」。地球產生之後不久就有生命出現，但在這之前三十億年的時間，生命並沒有從深綠色的海藻進化多少，這說明要演化成有特殊器官的大型生物是非常困難的，甚至比生命的起源還難。

如果你瞭解了這些生物學知識，撫摸著身下的綠草，看著眼前歡蹦亂跳的小生命，你一定會深切感到生命的可貴，人生的可貴，以及周圍一切自然因素（水、陽光、植物、動物等）的可愛可親。沉浸在這樣一種神聖的氛圍中，你心中的煩惱已經一掃而空了。

細胞是組成所有生命的有機體，活細胞是一個複雜而又完美的國家。假設我們透過一個微小的孔進入細胞核裡面的話，會發現一團團的麵條向我們壓過來，它們是兩種不同的去氧核醣核酸——DNA。這些核酸是四十億年進化的最佳產品，它們儲存著如何使細胞、樹木和人類進行工作的全部資訊。如果用一般的語言寫出來，人類DNA的信息量足足可以寫成一百卷的巨著。此外，除了極少數例子外，DNA分子還懂得如何複製自己，它們的知識十分淵博。

這種能力是在大約二十億年前形成的，這也就是「性」的產生，兩個生物體能夠整段、整個地交換它們的DNA遺傳密碼，繁殖出可供篩選的新品種。

生命之性能力的產生是如此地來之不易，它本身是一件奇妙的事情。相較之下，做為最高生命形態的「人」，其「性」方面的種種現實叫人無可奈何。一方面，就在工業化浪潮席捲全世界的今天，絕大多數人仍然羞於談性，心態在黑暗中被扭曲；另一方面是性的氾濫，聖潔的生理行為被拿去進行各種骯髒醜惡的交易。針對這種行為的人，人們常說他們惡劣得像動物一樣，這是一句帶有偏見的話啊！動物的性活動美麗而樸素，充滿了聖潔的

祝福。倒是人類的狀況更像醜行。

中國古代有陰陽五行之說，陰陽二氣交合的地方，就是大地經穴，也叫龍穴；令人驚奇的是，中國、朝鮮、日本這三個受中國傳統文化影響很深的國家幾乎所有的寺廟都建在龍穴上，這一結論被特異功能者的觀察所證實。據有關研究報告，大城市上空的光暈是晦暗渾濁的，而龍穴的光暈呈藍色或橙色。

走出城市，遠離「人氣」與污染，到清新的大自然中去，越來越成為人類有如神示的一種願望。這裡面當然有人類心理的因素，但也存在著神秘的力量。

這樣說並非是故弄玄虛。所謂神秘的力量的確存在著，只是它還不被人類所認識，因此冠之以「神秘」二字。在人類生活內容日益庸俗、單調、缺乏崇高感和使命感的今天，很多人希望現實世界（包括大自然）也像他們一樣平淡凡俗，他們拒絕神奇的東西，因為他們脆弱的心理經不起「神奇」的打擊，一旦「神奇」的東西被證實，他們自己就要完蛋。

年輕朋友們，生活中許多最重要的東西在人類的視線之外，只有親近自然，才能找到溝通的感覺和途徑。

中川的少年時代在北海道度過。他熟悉住宅周圍的每一幢樓房、每一片空地和每一棵樹。冬天，院子裡積滿了厚厚的雪，他在院子裡仰望星空，尋找交談的夥伴。他的少年時代很孤獨，是與星空的交談在每天晚上帶給他支持的力量，才使他為自己的理想堅持奮鬥下來，取得了今天的成績。

在古希臘、古羅馬和古印度的婆羅門等級，有一個風俗，各家各戶都有一個不滅的爐灶和一整套固定照看火焰的規矩。晚上，煤火要用爐灰封嚴，清晨扒開爐灰，添上小樹枝，讓爐火重新燃起來。爐火的熄滅意味著家破人亡。在上述三種文化中，對爐灶的祭祀等同祭祀祖宗般息息相關，這就是永世不滅「火」的來源。在全世界範圍內，這種象徵廣泛應用於宗教、紀念性活動、政治和體育慶典中——人是感情的動物，抒發感情是每個人的本能，我們總是有意無意地尋找寄託情感的物件，那些實實在在的物質。對火的寄託，對月亮、太陽、對水的寄託都是如此。

從個人的經歷中你能體會到，面對大自然，有時不必做什麼有形的思考，僅僅經由感情的溝通就夠了，從這種交流中，你會感到有無形的力量潛流進入你的身體裡，給你無限的信心和力量。探討其原因，也許是大自然太偉大、太震撼人心了吧！它是取之不盡用之不竭的力量泉源，它們的神秘和深邃，激發了人類無窮的想像力。

大自然能給予我們人類的激勵、啟發和想像是難以勝數的，有些更是難以言傳的。一個簡單的道理是，我們人類是從大自然中成長，我們的根在大自然裡。我們人類的思想不足以解釋我們日益的困境，答案在大自然裡面。虔誠地向它——大自然祈禱，尋求它無言的啟示吧。

30 面對那些使你感到緊張的人

只要你生活在社會中，你每天就要與各式各樣的人打交道，而這些人中，有的人會讓你很緊張，當然，緊張的原因是各式各樣的，原因並不主要，主要的是你將如何克服緊張心理。如果你不能克服緊張心理，你將不能與人正常交往，而這個人又恰恰是你的上司或你的雇主，那你又該怎麼辦呢？

答案是很簡單的，你將無法取得人生所夢想的果實。一個上司絕不會喜歡一個整天見著他就哆哆嗦嗦的下屬，一個雇主也絕不會喜歡一個見到他就緊張兮兮的雇員。當他們放棄你時，你又要到哪裡去尋找你的開始呢？假如你有幸找到了你新的開始，而你又開始了新的緊張，那你就陷入了一個可怕的惡性循環。

所以，假如你有夢想的話，就必須想辦法克服緊張心理。你必須敢面對讓你緊張的人，你也必須學會自我激勵，消除緊張。自我激勵是使你勇於面對他人的一件法寶。什麼是自我激勵呢？

有一位成功的化妝品製造商，十幾年前他在六十五歲時退休。此後，每年，他的朋友們都幫他舉辦生日宴會。每逢盛宴時，他們都要求他吐露他的成功秘訣，但每次他都拒絕了。直到他七十五歲生日時，當他的朋友們半開玩笑半認真地再一次提出這個要求時，他才說道：「你們這些年真是對我再好不過了。現在我無法不告訴你們我的成功公式。你們知道，除去別的化妝品製造商所用的公式以外，我還加上了神奇的成分。」

「這種神奇的成分是什麼呢？」人們興致勃勃地問他。

「我絕不答應任何婦女：我的化妝品會使她美麗，但是，我總是給她們美好的希望。」

神奇的成分就是「希望」！

希望是一個人懷著願望，盼望能獲得所想像的東西，並相信他是能夠得到它的。一個人對自己所希望的東西有意識地做出反應，就是自我激勵。

當你站在使你緊張的人面前，你希望自己不緊張時，你已邁出了關鍵性的一步。

當你希望自己不緊張時，你內心的力量也就會呈現出來。當環境暗示、自我暗示或自動暗示發出下意識的心理力量時，內心力量能引起行動，促使你用外在行動坦然地面對使你事前感到緊張的人。

在你的每種思想和每個自覺行為的背後，都有一定的動機。分析起來，有十種基本的動機導致產生所有的思想和自覺的行為。

這十種動機是：

1．自我保護的願望
2．希望別人欣賞的願望
3．謀求身心自由的願望
4．愛的情緒
5．恐懼的情緒
6．憤怒的情緒
7．憎恨的情緒
8．謀求認識和自我表現的願望
9．征服他人的願望
10．獲得物質財富的願望

當你面對使你感到緊張的人時，這十種動機有七種動機能幫助你克服心理弱點。

比如第一條——自我保護的願望。

當你面對讓你緊張的人時，這種激勵一旦發揮作用時，你就會對自己形成強大的自我保護意識，這種意識的產生會讓你產生安全感。當你覺得自己十分安全，而所面對的他人根本無法對你形成「侵略」時，你便會自然而然地克服緊張心理。讓你感到緊張的人，他的思想、言談、舉止，都無法對你形成影響或發生作用，你還有什麼可以緊張的呢？

在十九世紀初期，倫敦有位年輕人想當一名作家。他好像什麼事都不順利，幾乎有四年的時間沒有上學。他的父親因無法償還債務鋃鐺入獄。這位年輕人時常遭受飢餓之苦。最後，他找到了一份工作，在一個老鼠橫行的貨倉裡貼鞋油盒的標籤，晚上在一向陰森靜謐的房子裡，和另外兩個男孩一起睡。在這種情況下，他還堅持著寫作，他寄出了許多稿子，但都被退回，最後，他決定去拜訪狄更斯。去拜訪全歐洲大名鼎鼎的小說家狄更斯，很多人都以為他說的是瘋話。

你可以想像一下這個年輕人當時的緊張心理，這個年輕人在文學上一點成就都沒有，而狄更斯當年已聲震歐洲。

當這個年輕人哆哆嗦嗦地站在狄更斯面前時，內心被各種情緒不斷地衝擊著，他有很多話要說，但他一句也說不出。

狄更斯奇怪地瞄了這個臉色蒼白的年輕人一眼，不知道這個年輕人來找他幹什麼，他有很多事要做，倫敦有很多人不停地來找他，對那些突兀的拜訪者，狄更斯說不上有什麼好感。

狄更斯說：「年輕人，你來找我幹什麼？」

年輕人根本就沒聽清狄更斯的問話，他全身心都很緊張。他不知道自己該如何跟狄更斯

說第一句話。

狄更斯很奇怪地又瞄了他一眼，正是這一眼激發了年輕人自我表現的願望，他覺得自己站在這個偉大的作家面前，緊張得要死，而自己此行的目的是什麼呢？狄更斯奇怪的目光刺激了他的內心。

「我有什麼好緊張的，我要讓狄更斯知道，他面前站著的是一個非常優秀的年輕人。」

他是這樣跟狄更斯說第一句話的。

「狄更斯先生，你認為十五年後，我在寫作上能超過你嗎？」

他與眾不同的問話引起了狄更斯極大的興趣，狄更斯沉思了一會兒，就在狄更斯沉思的一瞬間，這個年輕人完全鎮定下來，因為他看到他的問話使大名鼎鼎的狄更斯思考起來。年輕人不敢相信自己有如此大的魅力，但事實如此。

「只要你努力，我認為你會的。」狄更斯慎重地說。

狄更斯的這句回答更使年輕人徹底地輕鬆下來。「我是完全可以和狄更斯對話的。」這個年輕人看到自己的內心是多麼強而有力量。

那一天，他與狄更斯談了很多有關文學的話題，而且交談得非常愉快，以後，他和狄更斯成了朋友。

從上面這個例子，你可以看出自我激勵對人是多麼重要。如果這個年輕入一味地緊張下去，可以想像出狄更斯是不會與他多說幾句話的，而這個年輕人也會因為緊張而失去與世界上偉大作家成為好友的機會。

當你在生活中遇到那些讓你感到緊張的人時，你就要懂得運用自我激勵的方法。自我激勵中一個最有效的方法就是自我暗示，即自我命令。如果你心懷緊張，而你又想輕鬆下來，你就可以向自己發出命令：「面前的人沒什麼了不起，他也許比我還緊張呢？」並且迅速重複幾次，你會發現自己已不是剛才的自己了，你已擁有內心輕鬆和內心力量，嶄新的你了。

從現在開始，在腦中思索一下，在你想見和見過的人，哪一個人讓你感到最緊張，如果你確定了那個會使你最緊張的人後，你就要立刻行動去見他。你內心要充滿自信，因為你不是以前的你了，你已懂得自我激勵，懂得怎樣調適內心的力量。你會在他面前一點也不緊張，因為你希望自己不緊張。最後，記住這樣一句話：「這世上沒有會讓你緊張的人，你會把手伸向任何一個陌生人。」

31 去最危險的地方鍛鍊自己的勇氣

你既然是個有夢想的年輕人，你就要檢驗自己是否具有勇氣和冒險精神，如果你發現自己不具備這些特質，你就要試著去鍛鍊，因為在未來的道路上，你必須具備這種精神，當你軟弱時，它會支撐你度過難關，當你怯懦不前時，它會推動你前進。

世上沒有萬無一失的成功之路，前進的道路上總帶有很大的隨機性，各種要素往往變幻莫測，難以捉摸。所以，要想在波濤洶湧的成功大海裡自由遨遊，非得有冒險的勇氣不可。甚至有人認為，成功的主要因素便是勇氣和冒險，我們必須學會正視冒險的意義，並把它視為成功的重要心理條件。

當然，鍛鍊勇氣和冒險精神的方法很多，從事最危險的職業不外乎是千百種方法中的其中一種，你透過這種方法驗證自己是否真的具備勇氣和冒險精神。

「幸運喜歡光臨勇敢的人」。冒險是表現在人身上的一種勇氣和魄力。成功的人，他不一定比你「會」做，主要是他比你「敢」做。

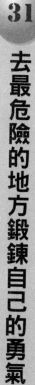

哈默就是這樣一個人。

1956年，五十八歲的哈默購買了西方石油公司，開始從事石油生意。石油是最能賺大錢的行業，也正因為最能賺錢，所以競爭尤為激烈。初涉石油領域的哈默要建立起自己的石油王國，無疑面臨著極大的競爭風險。

首先碰到的是油源問題。1960年石油產量佔美國總產量38％的德克薩斯州，已被幾家大石油公司壟斷，哈默無法插手；沙烏地阿拉伯是美國埃克森石油公司的天下，哈默難以染指。如何解決油源問題呢？1960年，當花費了一千萬美元勘探基金而毫無結果時，哈默再一次冒險地接受了一位青年地質學家的建議：舊金山市以東一片被德士古石油公司放棄的地區，可能蘊藏著豐富的天然氣，並建議哈默的西方石油公司把它租下來。哈默又千方百計從各方面籌集了一大筆錢，投入了這一冒險的投資。當鑽到八百六石英尺深時，終於鑽出了加利福尼亞州的第二大天然氣田，估計價值在兩億美元以上。

1921年，曾獲得醫學博士學位的哈默得知蘇聯烏拉爾地區蔓延疫病的消息，出於同情心，他帶著一套醫療設備前去援助。抵達莫斯科後，列寧對他說：蘇聯處於飢荒威脅之中，與醫藥援助相比，更需要糧食的援助。富有冒險精神的哈默遂提出以價值百萬美元的糧食換取毛皮和魚子醬的建議，沒想到立刻得到列寧的採納。蘇聯人民緩和了飢餓的煎熬，哈默獲取了美國市場的暢銷品。一個條件優惠的「交換物品」，雙方都得到了極大的利益。

石油大王哈默成功的事實告訴你：風險和利潤的大小是成正比的，巨大的冒險能帶來巨大的效果。

與其不嘗試而失敗，不如嘗試了再失敗，不戰而敗如同運動員競賽時棄權，是一種極端怯懦的行為。做為一個成功人士，必須具備堅強的毅力，以及「拼著失敗也要試試看」的勇氣和膽識。當然，冒風險並非鋌而走險，敢冒風險的勇氣和膽識是建立在客觀現實的科學分析基礎之上。順應客觀規律，加上主觀努力，力爭從風險中獲得效益，是成功者必備的心理素質，這就是人們常說的膽識結合。

在核能方面，低廉的能源是廣泛使用核反應爐來生產電力的結果，而發電廠中所可能發生最糟的結果，無非是核反應爐失去控制，而這種情形的嚴重程度足以使核電廠採取一種叫「最可信意外事件」的設計。這種設計檢驗是各種假想最惡劣原因的可能組合。例如，一家海邊核電廠，其設計應該能阻擋住大海嘯，雖然這種大海嘯發生的可能性很小。一旦最惡劣的結果已被減輕到最低限度，核能的發展應當能使人類更具信心。

一名職業網球選手提供了一個鍛鍊勇氣和冒險精神的好例子：「在比賽完一場網球之後，我馬上想到下一場球的對手，他是北加州一位聲威頗高的選手，我知道他比我比賽經驗豐富，而且技術也更好。當然我不能以第一回合的方式來打，否則將會潰不成軍，我的情況不容樂觀，膝蓋仍然不穩，心情也不能集中，而且相當緊張。最後我坐下來靜思，試試能否使自己安定下來。首先我問自己：『可能發生的最惡劣結果是什麼？』答案很簡單：『我可能以三盤6比0輸掉。』『如果真是這樣，你怎麼辦？』『我就會被淘汰掉，收拾行李回家去。』別人問我打得如何，我會回答說『輸了第二場球。』他們可能說：『你的對手蠻強的，比分是多少呢？』我只好承認兩局都拿了鴨蛋。我又問自己：『然後又會怎麼樣呢？』我回答自己：『雖然被擊敗了，但很快地我又會恢復正常，打得很好。』

「我已經試著非常坦白地承認最惡劣的結果了，雖然這樣不好，但還不至於不能忍受，更沒有理由使自己煩惱。然後我又自問：『最理想的結果會是什麼呢？』同樣地，答案也很明顯，我會以三盤6比0獲勝。」

「這樣推估最好和最壞的結果後，我覺得自己沒有理由不去冒險打這一場球。」

第二場球的比分，比預料中的最壞結果來得好，這使他大為振奮，也使他感到放鬆，而且更有精力繼續下一場的比賽。

如果你要求老闆考慮加薪，你應該比較可能發生的最好和最壞結果。最壞的結果可能是未獲加薪，而且老闆以後不理睬你；最好的結果是獲得加薪，而且老闆對你的自我肯定行為表示嘉獎，以後你又可以能夠得到更高的薪水。

如果最後的結果沒有支持你提出加薪的要求，試著修改加薪請示，以減輕可能造成的消極結果；或者不是魯莽地提出加薪請求，而是有技巧地使老闆瞭解，你對現有的薪水不滿；或老闆他看出做同樣工作的其他人，他們的薪水比你高。然後你決定是否去請求加薪。

鍛鍊冒險行為的步驟如下：

1．列出實行冒險行為的最好結果和最壞結果

2．修改所要進行的冒險行為，以減輕最壞結果、增加最好結果

3．決定是否要盡你的精力和時間去施行冒險行為

當你採取冒險行為時，你所遭受到的最大敵人就是恐懼。你要時時地提醒自己，千萬不能成為恐懼的俘虜，也不能屈服於人類所製造出來的惡魔陰影。在你未來的人生道路上，會有七種大恐懼互相結合，你越是害怕，它就會越來越肆無忌憚地將你吞噬。那麼這些恐懼究竟是什麼呢？

它們是對失敗的恐懼，對受批評的恐懼，對貧窮的恐懼，對失去的恐懼，對年老的恐懼，對死亡的恐懼，對失去自由的恐懼。它們是你人生路上七塊絆腳石，能不能越過它們，完全靠你自己。

當你能夠睜大眼睛注視恐懼的東西，並且認為自己可以克服時，你會遇到一位非常偉大的援手——那就是勇氣和冒險，它們是你人生裡的雙翼，有了它們，你才能在未來的天空飛翔。

32 給自己一次發揮潛能的機會

任何成功者都不是天生的，成功的根本原因是開發了自身無窮的潛能，只要你抱著積極心態去開發你的潛能，你就會有用不完的能量，你的能力就會越用越強，你的人生就會越來越燦爛。相反，如果你不去開發自己的潛能，那你只會嘆息命運不公並且越來越消極無能。每一個人的體內都有相當大的潛能，愛迪生曾經說：「如果我們做出所有我們能做的事情，我們毫無疑問地會使自己大吃一驚。」從這句話中，我們可以提出一個相當科學的問題：「你一生有沒有使自己驚奇過。」

常常聽到很多碌碌無為的人感嘆：「沒辦法，我就是這個樣子，沒辦法改變。」這句話是劑毒藥，它使許多人甘願平庸的生活，沒有認識到自己只要經過自我挖掘，便會顯示出非凡的力量。

眾多的生活基本原則都是包含在我們大多數人永遠不會去注意最普通的日常生活經驗中，同樣的，真正的機會也經常藏匿在看來並不重要的生活瑣事中。你可以立刻去詢問你

所遇到的任何十個人，問他們為什麼不能在他們所從事的行業中獲得更大的成就？這十個人當中，至少有九個將會告訴你，他們並未獲得好機會。你可以觀察他們一整天的行為，以便對這九個人做更進一步的正確分析，結果你將會發現，他們在這一天的每個小時當中，正不知不覺地把自動來到他們面前的良好機會推掉。

如果你將來想做一個非凡的成功者，那你就去體驗一次精疲力竭的感覺。精疲力竭是人類生理的一個重要感覺，它會使你重新認識自我。重新發現自我的生命中原來有如此多的寶石，重新擁有全新的人生。你也許會問，到哪裡去體驗精疲力竭的感覺？其實事情很簡單，假如你每天晨練只跑兩千公尺並認為這個路程是你身體所承受的極限，那麼，在某一天早晨，你就命令自己要跑上八千公尺，你也許會被自己這個命令所嚇傻，認為那是完全不可能的，跑八千公尺自己肯定會累死。但你千萬不要猶豫，更不要循規蹈矩在跑完兩千公尺後就放棄，你不是要體驗精疲力竭的感覺嗎？那你就繼續跑下去。當你跑到五千公尺時，你也許會感到頭重腳輕，雙眼發花，心臟似乎要跳出胸外。但你千萬不要去管這一切，你只要跑下去，最終你跑完了八千公尺，你覺得自己快不行了，天旋地轉，渾身痠痛，感到徹底精疲力竭。有了這次的體驗，你會驚訝地發現你在一個早晨竟然跑完了四個早晨的路程，你根本沒有想到自己的身體竟有如此的潛能。

一個一生都沒有使自己驚奇過的人是永遠不會成功的。很多傑出的成功者，在他們很年輕的時候，不僅使自己驚奇過，而且使周圍的人都為之驚奇。

聞名遐邇的松下電器創始人松下幸之助先生在他幾十年的經營實踐中特別強調對自身潛力的挖掘。松下幸之助先生認為，潛力日以繼夜地存於體內，以一種不為人知的方式，利用無窮盡的智慧力量；這種力量可以把一個人的慾望轉化成現實，重要的是你能否控制住這種力量。

松下幸之助出生於1894年11月27日，日本歌山縣一個農民家庭。兩個哥哥因病早逝，父親把全部希望都寄託在這個唯一的兒子身上。由於父親米行生意失敗，他九歲被迫輟學，先後在火盆店、自行車行當學徒，苦苦幹了七年。這期間，他曾幾次萌發不想做的念頭，但想起父親希望他能當一個實業家的期望，他又激勵自己堅持下去。松下先生後來回憶這段少年時光，常常抑制不住內心的激動說：正是少年的那段時光才奠定了他以後的人生道路，那七年中，他常常有精疲力竭的感覺，覺得人生實在重得像座大山，他沒有能力背負這座大山。可是每次萌生這種念頭時，松下先生也常常想，難道自己這一生就這樣下去嗎？這正是少年的松下不同於常人的地方。當精疲力竭的感覺一次次襲向少年的松下時，松下並沒有絕望、消沉乃至放棄，而是積極地挖掘自身潛能，執著地重塑自己。

1901年，松下幸之助在大孤電燈已有了一個非常穩定的職位，但他還是下決心自己辦企業並著手製造和銷售電燈插座。1918年松下電器創作所正式開業，他任廠長，職員僅他的妻子和內弟兩人。開始生產電燈插座時，銷路並不理想，十天時間僅賣出一百個。經營上的失敗曾使他陷入窘迫的境地，不得不靠典當妻子衣服和首飾來維持。這時候松下幸之助又一次體驗了他青年時期時精疲力竭般的感覺。他當時又煩惱又絕望，晚上常無法入睡，被憂慮和恐懼緊緊抓住，他身體越來越虛弱，精神和肉體幾近崩潰，覺得看不到一絲希望，也沒有任何事物可依靠，沒有任何人可傾訴，他覺得這世上已沒有一個朋友，甚至連家人也反對他。松下幸之助如果在這時絕望乃至崩潰，就不會有今天遍佈全球的松下電器。松下幸之助說：「他當時只是每日重複一句話，我既然度過昨天，就能熬過今天。」

正是由於松下對事業執著的追求，在困境中不退縮，終於使新型的電燈插座暢銷，累積了資金擴大工廠。1925年，松下先生為自行車電池燈率先註冊了風靡世界的商標。在二次大戰期間，為適應軍事上的需要，建立了松下造船廠、飛機廠等。這時松下公司已擁有一萬五千名員工。到1983年，松下公司有流動和固定資產16232億日元，職員11.2萬人；有一百一十家工廠，二十三所研究機構；在國外附設七十多家製造公司和銷售公司，公司規模在日本電器行業中居第二位，在世界五十家大公司中，松下列三十九位。松下幸之助在公司內，多年來一直講著同一個寓言——一隻鷹自以為是雞的寓言。他不斷地告誡公司職員，要隨時隨地挖掘自身潛力，你不是一隻小雞，而是一隻屬於藍天的鷹。

寓言說，一個喜歡冒險的男孩爬到父親養雞場附近的一座山上去，發現了一個鷹巢。他從巢裡拿了一個鷹蛋，帶回養雞場，把鷹蛋和雞蛋混在一起，讓一隻母雞來孵。孵出來的小雞群裡有一隻小鷹，小鷹和小雞一起長大，因而不知道自己除了是小雞外還會是什麼。牠很滿足，過著和雞一樣的生活。但是，當牠逐漸長大的時候，牠內心裡有一種奇特不安的感覺：牠不時想，我一定不是一隻雞！只是牠一直沒有採取行動！直到有一天，一隻老鷹翱翔在養雞場的上空，小鷹感覺到自己的雙翼有一股奇特的新力量，感覺胸膛裡心臟猛烈地跳著。牠抬頭看著老鷹的時候，一種想法出現在心中：養雞場不是我要待的地方，我要飛上青天，棲息在山岩之上。牠從來沒有飛過，但是牠的內心裡有著力量和天性。牠展開了雙翅，飛到一座矮山的頂上。極為興奮之下，牠再飛到更高的山頂上，最後飛上了青天，牠發現了遼闊的青天，更發現了偉大的自己。

當你聽到這個寓言時，你也許會說：「這不過是個很好的寓言而已。我既非雞，也非鷹。我只是一個人，而且是個平凡人，因此，我從沒期望過有什麼了不起的事業。」或許這正是問題的所在——你從來沒有期望過自己能夠做出什麼了不起的事來。這是實情，而且更是嚴重的事實，那就是你只把自己釘在你自我期望的範圍之內，你沒有超越的渴望，更沒有深掘隱藏在你體內的巨大潛力。但人體確實具有比表現出來更多的才氣，更多的能力，更有效的機能，它們猶如隱藏在海水之下的冰山，只待你去積極地發現。

不論有什麼樣的困難或危機影響到你的狀況，只要你認為你行，就能夠處理和解決這些困難或危機。對你的能力抱著肯定的想法，就能發揮出積極的潛力，並且因而產生有效的行動。

讓我們來看一個平凡的人在瞬間所爆發出巨大潛力的故事，他既不是松下幸之助，更不是洛克·斐勒，他僅僅是個平凡人。

當一個普通的農夫看到自己的兒子被突然翻倒的卡車壓在車下時，這個一百六十公分高、六十公斤重的農夫毫不猶豫地跳進水溝，雙手伸到車下，把車子抬高起來，讓另一個跑來援助的人把孩子救出來。當地醫生很快趕來，幫男孩檢查了一遍，只有一點皮肉傷，其他毫無損傷。這個時候，農夫開始覺得奇怪，剛才他去抬車子時根本沒有想到自己是不是抬得動，由於好奇，他再試一次，結果根本就搬不動那輛車子。醫生說這是奇蹟，他解釋說身體機能對緊急狀況產生反應時，會大量分泌出腎上腺素，傳到整個身體，產生額外的能量。這就是他可以提出的唯一解釋。要分泌出那麼多腎上腺素，首先當然得有那麼多腺體存在裡面。如果沒有，任何危害都不足以使它分泌出來。同理，一個人通常都存有極大的潛力，這一類事情還說明了另一項更重要的事實，農夫在危急情況下產生了一股超乎尋常的力量，並不光是肉體反應，它還涉及心智和精神的力量。當他看到自己的兒子可能要被壓死的時候，他的心智反應是要去救兒子。可以說是心理作用刺激腎上腺素分泌引發出潛在的力量。而如果情況需要更大的體力，心智狀態也會產生出更大的力量。

即使你現在是個平凡人，但你將來也許會是個成就非凡的人，在你未來的道路上，你也許會常常感到精疲力竭，不論是哪種情況，對你而言既是一種幸福又是一種考驗。幸福的是擁有挖掘你生命內在巨大潛力的機會，考驗的是你能勇猛前進地抵抗住這一切，還是低沉消極地被這一切壓垮。生活中被壓垮的永遠是多數，所以芸芸眾生中，成功者永遠是鳳毛麟角。

有一句老話說：「當命運向你擲來一把刀的時候，你可以抓住它的兩個地方：刀口或刀柄。」如果你抓住刀口，它會割傷你，甚至讓你死；但是如果你抓住刀柄，你就可以用它來殺開一條大道。換句話說，讓挑戰提高你的戰鬥精神和人生品質。你沒有挑戰未來的勇氣，沒有打破舊有的你，深挖出具有巨大潛力的你，沒有充足的戰鬥精神，你就不可能有任何的成就。因此你首先要正視自己，相信自己，尤其在你消沉絕望的時候，你要告誡自己，這種絕望僅僅是黎明前的黑暗而已，你內心充滿燦爛的光明，這種內心光明的巨大潛力足以在你心智的引導下衝出體外，將阻擋你的所有障礙擊碎。你要永遠記住這樣一句話才會一步步走向成功，那就是——你生命中有著無窮無盡的潛力。

33 體會真正讓你痛苦的感受

人的一生，如果沒有痛苦相伴而行，那就不是完美的人生，痛苦是人生最好的老師，痛苦會使一個懦弱者變得堅強，痛苦會使一個成功者變成一個失敗者，一個充滿希望的人變成一個消極絕望的人。痛苦是人生的上帝和魔鬼。

德國哲學家尼采曾經說過：「不僅要在必要的情況下忍受一切痛苦，而且還要喜愛一切痛苦，因為痛苦是人生前進的動力。」

如何看待痛苦將決定你人生的未來。

美國青年班．特生雙腿截肢，面對人生的巨大痛苦時，班沒有消極絕望，而是用超人的毅力戰勝了痛苦，走向全新的人生。今天，班坐在他的輪椅中，成為美國喬治亞州州政府的秘書長。1960年，班在家中砍了一大堆胡桃木的枝幹，準備搭建家中菜園裡豆子的撐架。當他把那些胡桃木枝裝在福特車上，開車回家時。突然間，一根樹枝滑到車下，卡在引擎裡，恰好是在車子急轉彎的時候，車子翻出路外，他掛在樹上，他的脊椎受了傷，再也不能動。

那一年，他才二十四歲，從那以後，他從來沒走過一步路。才二十四歲，就被判終身坐在輪椅上過活。面對這突如其來的痛苦，班不知該如何是好。他內心充滿了憤恨和難過，他不停地抱怨他的命運是如此的不幸，他沉浸在消沉絕望中。可是隨著時間一年年過去，班終於醒悟到抱怨命運和沉緬於其中是一點用也沒有的。

當他用內心的力量克服了震驚和絕望之後，開始生活在一個完全不同的世界裡。他開始看書，對愛好的文學作品產生喜愛。他說，在十四年裡，他至少唸了一千四百多本書，這些書為他帶來全新的世界，使他的生活比他以前所能想到的更為豐富。他開始聆聽很多好音樂，以前讓他覺得煩悶的偉大交響曲，現在都能使他非常感動。可是最大的改變是，他現在有時間去思考。他說：「有生以來第一次，我能讓自己仔細地看看這個世界，有了真正的價值觀念。我開始瞭解，以往我所追求的事情，大部分實際上一點價值也沒有。」

看書的結果，使他對政治產生興趣。他研究公共問題，坐著他的輪椅去發表演說，由此認識了很多人，很多人也由此認識了他。靠著毅力和勤奮，班終於由一名殘疾青年變成了一名成功者。假如班沒有截肢，假如班面對痛苦意志消沉，那麼，今天的喬治亞州州府的秘書長將是另外一個人。

許多偉大成功者的事業上都銘刻著「痛苦」兩個字。他們之中有非常多的人之所以成功，是因為他們開始的時候就遭遇到巨大的痛苦，促使他們加倍地努力而得到更多的報

償。正如威廉·詹姆斯所說：「我們的痛苦對我們是一種持久的幫助。」

不錯，彌爾頓是因為瞎了眼，才能寫出更好的詩篇來；而貝多芬是因為聾了，才能做出更好的曲子；海倫凱勒之所以能有光輝的成就，也是因為她的瞎和聾。

如果柴可夫斯基不是那麼痛苦，他那個悲劇的婚姻幾乎使他瀕臨自殺的邊緣，如果他自己的生活不是那麼的悲慘，他也許永遠不能寫出那首不朽的《悲劇交響曲》。如果杜斯妥也夫斯基和托爾斯泰的生活不是那樣充滿折磨，他們可能也永遠寫不出那些不朽的小說。

「如果我不是有這樣的殘疾」，那個改變地球生命科學基本概念的人寫道，「我也許不會做到我所完成的這麼多工作。」達爾文坦白地承認他的殘疾對他有意想不到的幫助。

達爾文出生於英國的那一天，另外一個孩子生在美麗的塔基州森林裡的小木屋中，他的缺陷也對他有幫助。他的名字就是林肯——亞伯拉罕·林肯。如果他出生在一個貴族家庭，在哈佛大學法學院得到學位，而又擁有幸福美滿的婚姻生活，他也許絕不可能發自心底深處發表那些在匹茲堡的不朽演說，也不會有在他第二次政治演說上所說的那句如詩般的名言——這是美國的統治者中所說過最美也最高貴的話：「不要對任何人懷有惡意，而要對每一個人懷有喜愛……」哈瑞·艾默生·福斯狄克在他那本《洞察一切》書中說：「斯堪的那維亞半島有一句俗話，我們可以拿來鼓勵自己：北風颳在臉上的凜冽痛苦造成了維京人，我們為什麼會覺得，擁有一個很有安全感且舒服的生活，沒有任何困難，舒適與悠開，這些就能夠使人變成好人或者很快樂嗎？恰巧相反，那些可憐自己的人會繼續地可憐他們自己，即使舒舒服服躺在一個大墊子上的時候也不例外。」

假設你在生活中覺得痛苦到極點，那就請記住這句話：

「生活給了你痛苦的檸檬，你要使它成為一杯快樂的檸檬水。」

假如你覺得你根本不能把一顆痛苦的檸檬變成一杯快樂的檸檬水，那麼，下面兩點理由可能讓你覺得你完全可行：

第一條理由，你可能成功。

第二條理由，即使你沒有成功，你也衝擊了痛苦。這樣做會使你向前看而不會向後看。所以，用肯定的思想來代替否定的思想，能激發你克服痛苦的能力。

如果你是個有夢想的年輕人，而且你已經踏上了追求人生之途，那你就要學著去體驗痛苦。你也許會說：「我再不需要痛苦，我體驗的痛苦已經夠多的了。」

你要永遠記住你體驗的痛苦是不多的，你如果覺得你體驗的痛苦已經很多很多，那你將被痛苦所扼殺。你要永遠銘記「痛苦是人類的老師」這句話，痛苦會把人推到極致，讓他在極致的情況下，不是生，就是死；不是前進，就是後退。如果沒有黑暗間的痛苦，就不會有火的光明；如果沒有戰爭的痛苦，就不會有和平的歡樂。

個人的痛苦是狹隘的。當你覺得被痛苦折磨得痛不欲生之時，其實你所體驗的痛苦早就

被很多人體驗過了。所以在生活中，在你追求人生之旅中，你要試著去做不幸者的朋友，打開你痛苦的視野，讓你渺小的心靈深深懂得他人的痛苦是各式各樣的，在你這種痛苦之外有著千百種痛苦。有疾病的痛苦，有衰老的痛苦，有失去孩子的痛苦，有失去母親的痛苦，有失敗的痛苦，有被朋友出賣的痛苦，有孤獨的痛苦，有無人訴說的痛苦……

當你漸漸領略各種痛苦後，同時要有一條清晰的思維，你不能被這些痛苦所嚇倒，你要懂得痛苦是快樂的泉源，是推動你前進的人生動力。

美國東方航空公司的董事長艾迪·肯貝克十二歲時，父親死於車禍，母親則在他九歲的某一天離開了家，從此就再也沒回來，母親帶走的兩個小妹妹也沒再回來。他的兩個姑姑，又老又病，他把剩下的五個孩子中的三個帶到她們家。沒有人要他和他的小弟弟，他們只好靠鎮上的人來幫忙。他們很怕被人家稱做孤兒，或者被人家當做孤兒來看待，但他們所擔心的事情很快發生。他和一個很窮的人家在鎮上住了一陣子，可是日子很難過，那一家的男主人失了業，所以他們沒有辦法再養他。後來鎮上的羅福亭先生和太太收留了他，讓他住在離鎮上十一哩的農莊裡。

羅福亭先生七十歲了，而且得了帶狀性皰疹躺在床上。他告訴小艾迪說：「只要不說謊，不偷東西，能聽話做事，你就一直能住在這裡。」

這三個命令成了小艾迪的聖經，他完全遵照它們生活著。他開始上學，可是第一個禮拜，他猶如一個小嬰兒似地躲在家裡嚎啕大哭起來，其他的孩子都來找他麻煩，取笑他的大鼻子，說他是個笨蛋，還說他是個「小孤兒」。他傷心得想去打他們，可是羅福亭先生對他說：「孩子，你現在很傷心，你將來要記住這些傷心。」

小艾迪真的記住了這些痛苦，並把這些痛苦銘記在他所追求的人生道路上，可以說，如果沒有小艾迪幼年的痛苦，就不會有今天大名鼎鼎的艾迪·肯貝克。

在生活中，不論你處在什麼環境中，你每天都會碰到這些人，你對他們怎樣呢？你是否只是望望他們？還是會試著去瞭解他們的痛苦？比方說一位郵差，他每年要走幾百哩路，把信送到你的門口，這是不是一種痛苦呢？比方說一位街角的乞丐，他望著你的目光和破舊的衣裳，對他而言是不是一種痛苦？大街上與你迎面走過來的人滿臉憔悴，他究竟又有著怎樣痛苦的故事？這些人都有他們的痛苦、他們的夢想，他們也渴望有機會跟他人來共用，你有沒有對他們的生活流露一份興趣呢？你也許只需要幾分鐘的交談和細緻目光的觀察，你就會獲得一筆痛苦的財富。

這種痛苦的財富是不用花錢買的，是上帝賜給人間的。從你開始追求人生目標時，你就要累積這些財富，說不定，某一天，別人的痛苦會降臨到你身上。而你，在多年前，已經習慣了做不幸者的朋友，你已深知這是一種怎樣的痛苦，並學會了克服這種痛苦的方法。有了這些，你就能把這種痛苦轉化成你人生中的一種快樂。

34

全力以赴成為一位推銷員

參與一種商品的街頭推銷活動，盡自己最大的努力投入工作，不管成功的機率有多大，你如果全力以付地去做了，你的體驗和成功的喜悅都會成為你未來人生的經驗和重要感受。透過參與推銷活動，重要的不是推銷出了商品，而且首先透過這種商業活動推銷出了你的思想、觀點和能力。

直到現在為止，你也許都還沒有一次街頭推銷商品的經歷，不管你以後想不想做商人，對你來說都有十分的必要參與一種商品的街頭推銷活動。推銷的成功要以售出商品的具體數目為準，你需要在每一個環節上都實實在在地工作，你的表達和影響他人的能力發揮得好壞將真正影響你的推銷業績。

推銷商品之前，學會推銷自己，這是推銷商品而獲得成功的基礎。自我推銷應先於商品推銷。對於購買商品的客戶來說，很大程度上不是因為需要這種商品而購買它，而是因為首先從心裡接受了推銷商品的人而購買商品。因此在推銷商品之前如何很好地推銷自己是商品推銷能否獲得成功的關鍵所在。

在與客戶最初的接觸中，你要以最快的速度劃分出客戶的類型、判斷出他們的好惡，以及對你推銷商品的興趣程度，暗中揣度他們對你及你所推銷商品的看法，在頭腦中快速做出接近他們的方案，然後不卑不亢地按你的方法走近客戶。

你該如何向客戶推銷自己？

雖然向客戶推銷自己的目的是為了推銷出你手裡的商品，但與客戶的最初接觸中，切忌劈頭就開始介紹起自己的商品來。這樣做的結果，客戶往往會感到你是為了賺錢而想讓他買東西，他會感到心理不平衡，覺得自己吃虧而讓你賺錢，甚至會對你產生反感。你應想辦法讓客戶感到他需要這種商品，你的推銷是在幫助他選擇需要的商品，或是在為他生活中欠缺的東西做合理而必須的補充。你若完成了這個轉變，你的商品推銷就會打開局面。

最聰明的做法不是首先推銷商品，而根據客戶的情形、想法，與他接近而達到推銷商品的目的。換句話說，在推銷你的商品之前，你首先要把自己的熱忱推銷給客戶。

當你的意識因為受到熱忱的刺激而劇烈地振動時，這個振動將會自動記錄在與你相關的人的記憶之中，包括你眼前面對的客戶。

如果你對自己所推銷的產品產生熱忱，你的「意識形態」將很明確地被所有聽到你說話的人所瞭解，並透過你的語氣加以判斷。事實上，要使別人相信你，或是對方懷疑你，最主要的是你談話的語氣，而不是聲明的內容，這種熱忱運用得好壞，就是你推銷自己成敗的關鍵。

兩個推銷員向拿破崙．希爾推銷同一份雜誌所得到的不同結果，說明推銷自己勝過推銷商品的重要性，而推銷自己最重要的一點又是用自己的熱忱感染客戶。

有一次，一位推銷員來拜訪拿破崙．希爾，希望希爾訂閱一份《週六晚郵》。他把那份雜誌拿到拿破崙．希爾面前：

「你不會為了幫助我而訂閱《週六晚郵》吧！是不是？」

當然，拿破崙．希爾很輕易地就予以拒絕。對方的話中沒有熱忱，他的臉上充滿陰沉及沮喪的神情。他急需從希爾的訂費中賺取他的佣金，這是不容懷疑的。但是他並未說出任何足以打動希爾的理由，因此，他無法做成這筆交易。

幾個星期之後，另一位推銷員來見拿破崙．希爾。她一共推銷六種雜誌，其中一種就是《週六晚郵》，她的推銷方式則大為不同。她看了他的書桌，發現桌上擺了幾種雜誌，她又看看他的書架，忍不住熱心地驚呼：

「哦，我看得出來，你十分喜愛閱讀書籍和各種雜誌。」

拿破崙．希爾很驕傲地接受了這項恭維。當這位女推銷員剛走進來時，拿破崙．希爾正在看手中的一篇文稿，這時候拿破崙．希爾把稿子放了下來，想要聽聽她將說些什麼。

用短短的一句話，加上一個愉快的笑容，再加上真正熱忱的語氣，她已經成功地中斷了拿破崙．希爾的工作，使拿破崙．希爾準備好要去聽她說些什麼。

她手裡抱了一大卷雜誌，拿破崙．希爾本以為她會把它們展開，開始催促自己訂閱它們。但她並沒有這樣做。

她走到書架前，取出一本愛默生的論文集。並在往後的十分鐘裡，她不停地談論愛默生那篇〈論報酬〉的文章，談得津津有味，竟然使拿破崙．希爾不再去注意她所攜帶的那些雜誌。不知不覺中，她給了希爾許多有關愛默生作品的新觀念，使拿破崙．希爾獲得了寶貴的資料。

然後，她問拿破崙．希爾：「你定期收到的雜誌有哪幾種？」拿破崙．希爾向她說明之後，她臉上露出微笑，把她的那卷雜誌展開排放在拿破崙．希爾面前的書桌上。她一一分析了這些雜誌，並且說明拿破崙．希爾為什麼應該每一種都要訂閱一份。

「像你這樣地位的人物，一定要消息靈通，知識淵博。如果不是這樣的話，一定會在自己的工作上表現出來。」她一邊推薦手中的雜誌一邊溫和地暗示。她的話既是恭維，又是一種溫和的譴責。她使他多少覺得有點慚愧，因為她已經調查過他所閱讀的資料，而那六種她推銷的暢銷雜誌並不在他的書桌上。

接著，拿破崙．希爾開始「說漏了嘴」，他問訂閱這六種雜誌共要多少錢。她很巧妙地

回答：「多少錢？整個數目還比不上你手中所拿的一紙稿費哩！」

她成功了。因為她走進拿破崙・希爾的房間時，曾誘導拿破崙・希爾談論稿費的事。當時拿破崙・希爾談到自己的原稿時，曾經承認這十五張稿紙可以使自己獲得兩百五十元的收入。

於是，她成功地向拿破崙・希爾推銷了自己的六種雜誌。

當她停留在拿破崙・希爾書房的那段時間，一直不曾讓他留下這個印象：拿破崙・希爾訂閱她的雜誌是在幫她的忙。正好相反，她很自然地使他有這種感覺：她是在說服他。

在推銷你的商品之前，如果你已做到了成功的推銷自己，那麼你商品的推銷進展便會順利起來。

在完成推銷自己之後，在商品推鋪中應注意以下幾點：

1．保持信心

在街頭推銷商品，與你接觸的全部是陌生人，在彼此一點都不瞭解的情況下，你必須具備自信。這是使你接觸成功的基礎。你也許曾有過這樣的經歷：大部分人都不喜歡過於謙虛或自卑的人。因為這種態度只能換取暫時的同情，而無法讓你的客戶獲得一種親密感，那你的商品就很難銷售出去。因此，保持自信是你與客戶最初接觸時重要的一點，如果你對自己的商品都沒有信心，客戶怎麼會買呢？

2．運用創造力

創造力應用在推銷商品時，在與人接觸上你要能發現與客戶和諧相處的方法。有時你必須細心察言觀色，揣摩客戶心理，才能找到合適的方法。觀察別人以及從自己直接的表達中所得到的經驗，會使你在面對不同的客戶時變得更有彈性，這就是創造力的運用。

3．關心客戶

當客戶對你推銷的商品發表意見和感受時，你應注意傾聽，而且表現出對客戶談論的話題有濃厚的興趣，這樣做會增加客戶對你的好感進而信任你及你所推銷的商品。

4．體諒

體諒是指敏感地察覺你的客戶，他對你的商品也許有不滿、或者有不安全感，這種時候體諒會使你成為一個聽眾。好聽眾能幫助你澄清所要敘述的、以及緩和氣氛或者提出有效問題的觀點，同時要注意眼睛的注視和面對客戶時適當的微笑。這是從你身上發出的一種可信賴的資訊。在簡短的接觸中，客戶對你會有良好的感覺，你也就能順利地利用這種信

賴而不失時機地推銷自己的商品。

參與一種商品的街頭推銷活動，不僅可以試著成功地推銷自己，掌握推銷過程中的種種技巧，還能很好地鍛鍊自己的表達、說服和影響他人的能力。具體表現如下：

1．你能學會語言溝通上的吸引與排斥

不論你是誰，你都不是一個了不起的人，可是有人也許不這樣想。倘使你感覺你的客戶對你所做的、所說的很多事，都是些不應該有的敵對反應，你可以設法調整一下，因為客戶的心理不平衡了。

別人對你反應不佳，可能是由於你所說的話或你說話的方式使然；也可能是由於你內心的感覺與態度所致。聲音與音樂一樣，往往是態度、心情與看不見的心思的反應。你要瞭解過錯在你。

你應隨時保持「顧客永遠是對的」這種成功商人的態度，有時這種態度是你極難採用的，可是它有顯著的成效。

倘若你在推銷過程中有了與客戶發生摩擦的問題，你應採用一種積極的心態，努力保持客戶的快樂，若能將貨品賣給有希望的顧客，你的推銷就會變得更快樂、更成功。

倘若你說的話或者說話的方式傷了顧客的感情，你就應找出造成顧客感情反應過度的真

正緣由，然後避免類似情況的發生。

2．克服膽怯、自我激勵，推動推銷順利進展

你如果在街頭推銷時膽怯，應即時制止自己這種心態的發展，不要讓自己的這種情緒在顧客面前表露出來。

膽怯和畏懼的心理對初次參加街頭推銷的你來說是很自然的。你要運用你的理智克服膽怯與畏懼，然後對自己說一個字或一句自我激發的話，全身心地穩住自己的心態。比如，在參與街頭推銷之前，每天早上或一天內的其他時刻，快速重複鼓勵自己：「勇敢點，勇敢點！」

隨時觀察同行是如何解決那些困難的，向他們學習，同時快速熟悉工作中的實用方法，然後再去實行。

有明確的推銷目的，要不停地試圖達成它，直到終於達成為止。

3．集中發揮個人的魅力

即使本來如同流浪漢一般邋遢的推銷員，若能集中發揮個人魅力，依然可以完成艱難的工作。這種個人魅力的發揮取決於你整合能力的高低。

數年前拿破崙・希爾曾經經營一家與宣傳銷售有關的技術研習班，有一天，秘書告訴他來了一位訪客：「好像是流浪漢一般。」

果然，那個人的穿著不僅邋遢，鬍子似乎很久未刮，還完全不注重禮貌，他叼著香菸進來後對拿破崙・希爾說是負責《世界年鑑》廣告的，然而拿破崙・希爾卻從未在此年鑑上刊登過任何廣告。

拿破崙・希爾對這個行為不甚檢點的男人印象非常惡劣，尤其無法容忍他將菸灰彈落於地毯上，但卻依然讓他拿走了八百美元的廣告訂單。

事後，拿破崙・希爾對秘書說：「儘管我覺得此人毫無疑問必有精神上的問題，卻依然認為他充滿了個人魅力。這種魅力表現於聲音，因此他說話時，我總凝神靜聽。另外，我也能夠感覺到由他身上所散發出來的氣息，這也正是促使我評估《世界年鑑》，並給予肯定的緣故。」

原來這是以散發能量消除其餘負面因素的方式，而表現出了個人的魅力，同時也能自由自在地加以運用，而這種應用是自然而然地無意識透露，因此，非常吸引客戶。

拿破崙・希爾認為，如果那個人創造這種魅力之外，還具有其他正面因素，他深信這個人將不會以推銷廣告的工作終其一生，或許那人可能已經成為《世界年鑑》的經理了。

35 每天堅持寫一篇文章

你只要有一枝筆、一張紙，你就可以開始寫作。雖然不是作家，但每日完成一頁文章對你來說，與作家的文稿同樣重要。因為這一頁文章包含的東西很多，它可以反映你人生的許多方面，還會讓你獲得很多意想不到的收穫。

每日寫作一頁文章對你來說，也許是再輕易不過的事情。你常會忽略它，或是認為這樣的工作不值得去做。不過，要是有人問你，在你成長的十年或二十年裡，可曾堅持不懈地做成一件事嗎？就像每天完成一頁文章這種事情。你會怎麼回答，就像大多數人那樣搖搖頭走開嗎？

寫作是一種能力，一種文字表達能力，它是歷史和文化延續的一種方式。你或許對歷史、對文化、對作家之類的話題並不感興趣，但你卻不可能離開寫作，你在工作和生活的每一個階段都無法逃避寫作，因為你是受過教育的人，因為你想成就一番事業！那麼，不管你喜不喜歡，你都必須練習自己的寫作能力。

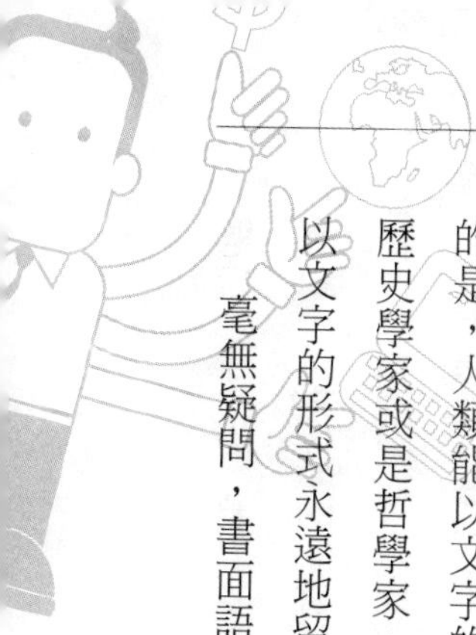

一封信、一張便條、一個清單、一則日記、一段即興文字都是你的手稿，從你下筆的那一刻起，你就開始寫作了，你的面前開始展現出一個豐富多彩的世界。

一段久遠而珍貴的記憶。

因現實生活和工作緊張而想表達的一種感受。

難以啟齒的秘密或深刻教訓。

一個重要日子或一件不可以忘卻的事。

一首特別的情詩。

歷久不衰的夢想……

人類具有一種獨特的、任何動物都不可能與之相比的能力，這種能力使人類在整個世界中佔據了強而有力的位置，並把人類自身與動物明顯地區分開來，這就是人類創造了使用書面傳遞資訊的符號——文字。動物可以利用聲音或某些信號進行相互間的聯繫，但除了人類之外，任何動物都不能以文字的形態儲存資訊，並能將其分類以便傳遞給同伴。更重要的是，人類能以文字的形式把資訊留存很久。所有的偉大人物，不論他是科學家、詩人、歷史學家或是哲學家，他們的生命終究會結束，但他們的思想、觀點以及他們的品德都會以文字的形式永遠地留在人間，供後來者研究、學習、借鏡。

毫無疑問，書面語言對於人們的日常生活具有重大的影響力。詩歌、文學作品和戲劇都是藝術世界中最重要的組成部分。如果說美術、音樂的知識與才能是天生的，那麼，對戲劇和文學作品的欣賞能力就不是與生俱來的。高藝術智商的人應該通曉美術和音樂，又通曉文字和戲劇等方面的藝術。

很顯然，你並不一定要做一個有高藝術智商的人，但寫作的基本修養和能力你卻不可或缺，這種能力表面看來只與你自己的世界有關，但是，只要你一旦開始自己的創作活動，就會意識到寫作才能的大小對你生活與工作的影響程度，你會因為自己寫作的能力成功許多事情。

寫作會為你帶來快樂

你每天完成的那頁文章有你的想像、浪漫經歷、理想、狂歡，有你的詩歌、你的小說或其他文學作品，也有你的書信、日記，你的喜、怒、哀、樂。倘若沒有文字做為媒介，你的思緒和情感將永遠無法表達。書寫的方式是任何口語無法代替的。

馬克．吐溫摯愛他的妻子，如果他每天都對妻子說「我愛妳」這樣的話，不僅自己感到厭倦，連妻子也會感到乏味。因此，馬克．吐溫每天都寫信給他的妻子，即使他們在家裡也一樣。書信讓他們的愛情之火燃得更旺，他們過著一種真正快樂的愛情生活。

當然，為你帶來的快樂不僅僅是書信，也不僅僅是有關愛情方面的。重要的是，你寫出

了你最想表達的東西，你以寫作的方式經歷了自己許多不平凡的心路歷程，最終以快樂的心境走向生活和工作，開始積極而快樂的人生之旅。

可以這麼說，擁有寫作，你就擁有快樂。而且，這種快樂是發自內心的，也是永恆的。

你想什麼就寫什麼

要寫作，你得思考。寫作的時候，你將你的思緒結晶在紙上。回溯過去，分析當前，展望未來，你的想像便發展起來。

你越勤於寫作，你越可以體會寫作的趣味。你寫作的時候，可以對自己的靈魂進行拷問，然後走適合自己的路。你提出的許多問題自己也許無法回答，但是你在試圖回答之際，已經獲得了寫作之外的另一些收穫。

你寫作的文字若是你的精心之作，你的推理和你的感覺必是富於啟示的思想，你記錄下這種思想，這種思想就會在以後的日子裡永遠為你所用，成為你巨大而無形的資產。

寫作還會使你獲得積極的心態，為你吸引所希望的健康、財富、快樂、信念、慈善、樂觀、高興、慷慨、容忍、機智、仁厚、誠實、求善、主動、求實、坦誠以及知識等等。

你擁有不一樣的心境

寫作與其他表達方式的區別在於它與一種心境或者多種心境如影相隨，就像身體被看不見的靈魂纏繞一樣。這種心境只有從寫作中才能得到，它們就像全知的上帝僕人和使者，讓你感受到古時的神靈依然隱居在神秘的奧林匹克山裡，天使們在祂們明亮的梯子上飛上、飛下，而你寫做過程中的論證、理論、博學、觀察不過是像布萊克所說的「為自身而戰的小魔鬼」，是你所能目睹飄逝而去的生活幻影，這一切都是為心境服務的，否則你就會在永恆中找不到落腳之處。

任何能看得見、摸得著、可以度量、可以解釋、可以討論的東西對你來說，除了方法之外別無意義可言，而寫作深入的是看不見的生活領域，它傳遞著永遠新鮮、永遠古老的啟示。

你也許聽過很多對抑制理智的需求，但你唯一能夠遵從的約束是使你成為一名藝術家而擁有的神奇本能，正是這種本能教會你在現實的慾望中發現不朽的心境，在平凡的野心中發現不朽的希望，在性愛的激情中發現神聖的愛情。

心境可以由寫作創造，它存在於你每天完成的那頁手稿中。

拿破崙・希爾曾以全國專欄作家的身分，撰寫了一篇題目為〈滿意〉的文字。其簡要內

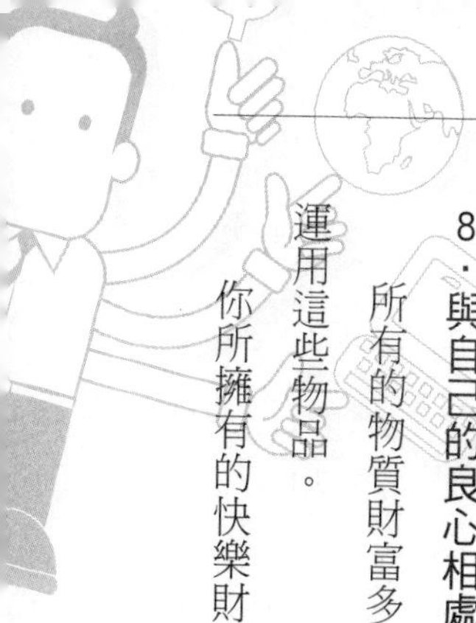

容如下：

全世界最富有的那個人，居住在快樂中。他所富有的是歷久不變的價值——他不會失去的事物，使他感到滿意、健康身體、寧靜心神，以及協和心力的事物。

下面是他所有的財富，以及他如何獲得它們的方式：

1．幫助他人而找到快樂。

2．有節制地生活，只吃維持身體所需的食物，找到完好的健康。

3．不恨任何人，也不嫉妒任何人。

4．從事所愛的工作，並且加入充分的快樂，因此很少有厭倦的感覺。

5．逐日祈禱，並非為求更加富裕，只是為求更多智慧，以認識、接受、享受已經擁有的龐大財富。

6．除非向人致敬，絕不提人姓名，不以任何原因誹謗人。

7．不懇求任何人，只想要與所有的人共同分享自己的幸福特權。

8．與自己的良心相處，因為它正確地領導你做每件事情。

所有的物質財富多於你的需要，因為你不貪多，而且你只希求在活著之日能夠建設性地運用這些物品。

你所擁有的快樂財產，不用納稅。它主要是座落在你心坎上的無形財產，除去採用你的生活方式的人外誰也不能佔用。快樂之人的成功教條是沒有版權。你如果採用它，它能為你帶來智慧、和平與滿意。

拿破崙．希爾在寫完這段文字之後，他的心境已經開始感到「滿足」。在你每天的那一頁手稿裡，你創造了哪些心境？你是怎樣設法使這些心境不朽的？你擁有這些不朽的心境嗎？

每日完成一頁手稿，是你開創美好人生的必修課。

一枝筆、一張紙、一些文字、簡單至極的操作構成了你的一頁手稿。手稿並非像工廠生產產品那樣簡單，它是大腦的一種創造思維結果。方寸之間，構成一個豐富絢爛的世界。

很多人只是隨自己隨意的步調而舞，按生理的系統而行，有的則索性混沌度日。每日完成一頁手稿將糾正這種習慣，使自己的思想靈活、敏捷、具有創造性。作家蕭伯納曾說：「難得有人利用寫作一年思考兩三次以上，我則因為一星期從寫作中思考一兩次而博得國際聲譽。」

在寫做過程中，你完全能夠明顯地改變自己的行為模式，計畫自己的命運，以及靠意志而產生創造性構想。

透過寫作，可以提高你的領導能力，可以使你變得更加堅忍和主動，也有助於增加你對工作、閒暇及生命的新興趣。

透過寫作，你對自己和別人的想法都更能容忍和接納，因為你已學會了暫緩判斷。同時，你的主動性和機智增強，辯論問題的速度加快，而解決問題的方式也會適時而又具有創造性。同樣，辯論機會及利用機會也更快，由於問題的含混不清而引起的拖延更會減少。

你已透過寫作擁有更大的自信心，並且更能接納自己，也能更熱切地擔當責任。

你已透過寫作學會增加生活的愉悅和享受；愉悅引發了新的興奮感；而且也使自我表達有了新的途徑。

所有這些都是你開創美好人生的必修課。每日完成一頁手稿，你會過著更讓人興奮的生活，更有自信心，生活更愉悅，更有機會將能力淋漓盡致地發揮出來。

36 與父母一起去長途旅行

與父母一起去旅行——這是培養重視家庭及人間親情的開始。在旅行的過程中，你首先會懂得什麼叫愛。

在你成長的過程中，愛的觀念和容量會經過許多不同的階段。你從成熟到知道愛的深度時，你在給和取之間，會將痛苦減低到最小，而將快樂擴張到最大。假如你的父母只有你這個孩子時，他們當然會把對孩子全部的愛都給你，如果你有五個兄妹，你們五兄妹得到的仍是你父母全部的愛，而不是五分之一。換句話說，除了在表達的方式或時間上受限制之外，人類愛的能力是沒有限制的。明白這個道理之後，你便會以自己的心智加倍愛自己的父母。

越去愛，愛的能力也就越強。因為愛能生愛，與你父母的旅行中，你的愛已和平常不同，而是已經換了角度去愛同樣的人，你去愛人的能力，也會因此而增加。

愛不是靜止的，細心體會你在家裡和在旅行中對父母的愛，你會發現，愛完全是一種具

有功力和成長能力的情感，即使暫時的減弱、增強或改變，一直處於流動狀態中。愛是可以持久的，正如你在家時以某種方式愛著父母，在旅行途中你用另一種方式來愛他們，旅行結束後，你可能又變換另一種方式。愛並不是上了發條的時鐘，它是時間，也是空間，是整個世界。

愛是你一生中少數幾項可以藉由「給予」而獲得的東西。一般而言，你越是不付出愛，你就越得不到愛，你不可能因為想佔有，就能保住它，它像空氣一樣，無法抓住。

愛包含寬恕、容忍和諒解，同時也會產生期許和相互的激勵。學會對父母的愛，是一個人在成長過程中所必須具有的品行。利用與父母一同旅行去感受和增強對父母的愛，體驗到人間親情的溫暖，你的心胸也會寬廣起來。

因此，在與父母一同旅行的旅程中，你首先要學會情感運用。從你身邊最親近的人愛起，你以後就會懂得如何愛那些你自己想愛和愛你的人，也去愛那些你不想愛和不愛你的人。

為了培養重視家庭和人間親情，在與父母旅行過程中，除了學會愛，同時也能藉機改善你與父母的相處方式——旅行是個契機。

1. **觀察父母親間的相處情形，研究他們如何四目相對，觀察他們的非語言性狀態和修飾，注意他們熱忱的表情。隨時學習父母接觸中有利於家庭和親情的成分。**

2．分析自己的方法，並和父母的有效相處模式加以比較，試著去明白他們在做什麼，如何說話，如何表達溫柔、感謝、親愛、敬佩、尊敬和興趣的條件下，評估你與父母相處時的方法和行為的好壞，改進不足的部分。模仿父母最有用、最自然的方法去進行溫暖的親情交流。

3．在旅行過程中觀察父母不甚和諧和愉悅的地方。嘗試思考他們該如何改善不妥的對話和非語言形式。想想看，他們如果發生衝突時，如果問你該如何改進他們的相處情形時，你會說什麼？

4．從容、慎重地練習那種你覺得還有一點陌生的相處模式，這和打字有些類似，剛開始時，實際練習可能顯得有些不自然。但是無論你學習什麼事，在它根深蒂固之前都會顯得有點不自然。人們或許會對於你改變接觸技巧而感到不自在，但這並不表示這些新形式缺乏誠意。當這些技巧成為你生活方式的一部分後，你就會在以後的家庭生活和親情關係中自然而然地表現出來。

5．在你父母的身上進行實驗，因為他們會喜歡新的親密形式。改變與親人的相處模式時會發生可笑的事情，但是一笑置之即可帶過，你想進步就免不了要冒險，你父母面前是最好的練習場地。

6．坐而言不如起而行。對自己許下空洞的承諾無濟於事，說到做到使身體力行才真正有

效。你若知道有任何不合適時，就應該設法去調整它。就像下面例子中的戴娜一樣。

戴娜說，每當她丈夫傍晚看電視的時候，她就感到沮喪和焦慮。她說她自己知道這是一種完全不合情理的感覺，因為實際上她丈夫工作辛苦，對家庭負責，心思也都放在兩個孩子身上。

有天黃昏，她為了克制自己的沮喪，回到臥室裡，試圖追憶這種感覺的原因。她利用學來的一種輔導技巧來釐清自己真正的感受，然後她自問：「這使我回想起什麼？」幾分鐘過後，幼時對父親的記憶回到腦中。每當父親遇到困難的時候，就像得了神經病一樣，長時間呆坐在椅子上，兩眼空洞無神。戴娜每當此時，立即感到沮喪，然後就是恐慌。雖然她曾經想談這件事，但母親說：「最好別提這件事。」

戴娜流下淚說：「回想過去的事很痛苦。」不過，她很快克服了這種情緒，她再看她丈夫坐在電視機前時，就沒有以前那種沮喪的感受了。這種自我調整幫助戴娜贏得了家庭的和諧、愉悅。

與父母一起去旅行，種種經歷和感覺會與在家時大不一樣。出門在外，一些突發的事情或不同的心境都會改變你的行為方式。從生活細節上對父母的關心、照顧，體諒到意外事件的應付處理能力和施展，都能直接檢驗你對於重視家庭的程度，並影響你對人間親情的重視和犧牲奉獻的精神，這一點對一個想功成名就的人來說尤其重要。要成功一件事，開拓事業，尋求成功的人生，首先要把家庭關係處理和諧、健康、快樂，這樣你才能放手去從事其他事情，才不會在外患降臨時擔心內憂，才不至於遇事後「後院起火」。

快樂從家庭開始，在你獨立工作和獨立生活之外的時間，你幾乎都在家裡與家人一起。家庭是快樂、安全與相愛的安息處，但這種快樂、安全與相愛不是天生就有的，它需要每個家庭成員的維護和完善，利用與父母一起旅行的機會達到家庭的和諧與快樂，是極為有效解決家庭問題的方法。

在拿破崙．希爾的課堂上，一個十分有天分、又很有進取心的二十四歲青年被詢問：「你有問題嗎？」

「有！」他回答說，「是我母親，事實上，我已經決定這個週末就要離開家。」

當這位青年被要求把他的問題提出來討論時，顯而易見的是他與他母親的關係並不和睦。而且老師很容易看出，他母親的個性與他進取、好強的性格正好相同。

於是課堂上提到，一個人的性格，與磁鐵的力量相比擬；當兩種力量在一條線上相互拖曳時，它們是在互相吸引的。但兩種力量相反對時，它們便會互相排斥。

把它們並排放在一起，一起遭遇外來力量時，人與磁鐵一樣，仍舊維持著個別的實體。可是它們對外來力量相吸或相斥的力量則加強，儘管它們自身之間是互斥的。

老師繼續說：「似乎你的行為與你母親非常相像，因此你能夠利用她對你的反應來決定你如何對待她。你或許能夠分析你自己的感覺，評定她的感覺。故而你總是能夠很容易解決你的問題。

這是你本禮拜的特別作業：與你的母親出去旅行一次，當你母親吩咐你做點什麼的時候，你要高高興興地做。她發表意見的時候，你便以愉快而誠懇的態度對她表示同意，或者什麼也不說。你如果很想對她吹毛求疵，那就說點好聽的。這樣，透過旅行你會得到一個最愉快的經驗，很可能她也會學你的樣子。」

「那是行不通的！」這位學生回答說，「她太難相處了！」

老師回答他說，「那是行不通的，除非你用積極的心態讓它行得通。」

一個禮拜後，這位年輕人又被問及最近的情況如何？他回答說：「我可以很高興地說：整個禮拜，我們之間沒有一句不愉快的話。你也許沒有興趣知道我旅行後的變化，我已經決定留在家裡了。」

人都有一種傾向，假定別人喜歡他喜歡的東西，並與他有同樣想法。上述那位青年，當他不瞭解母親時，他和母親之間的隔閡便無法消除，更談不上有什麼親情。後來他利用與母親旅行一星期的機會充分瞭解母親並彼此溝通，很快便感受到彼此間的親情。同時這種瞭解是相互的，做父母的也更加瞭解了兒女的想法。

森下律師和他的妻子有五個非常好的子女，但這對父母並不愉快。因為他們的大女兒，已經是高等學校的一年級生，對他們的反應並不符合他們的期望。這個女兒，對她的父母同樣也感覺有些不愉快。

父親說：「她是一個好女兒，不過我對她不瞭解。她不喜歡在家裡工作；可是會連續幾小時彈鋼琴。暑假，我在百貨公司裡替她找到一個工作，可是她不想工作，她就是要整天彈鋼琴！」

母親則說：「她彈鋼琴雖然很好，可是一個女孩子暑假在家做家事或在商店裡工作是有益處的。想成為鋼琴家的夢想只不過是浪費時間而已。她有一天總得結婚，管理家庭，她應該更實際一點才對。」

其實，這個女孩並非像她父母所想的那樣，他們的確不瞭解她。這個女孩的鋼琴彈得極好，她頗有雄心壯志。她的天賦和特質不適合去商店工作或做家事，練鋼琴，成為鋼琴家這種夢想對她來說是最值得花時間投資的事情。而她的父母卻不瞭解每個人各有不同之處，因此，要女兒順從他們的期望是相當困難的。

從上面兩個故事你已經知道相互瞭解的重要性，如果你認為對父母還有什麼不瞭解的地方，或他們對你有什麼不瞭解的地方，在家裡開不了口溝通，那麼就利用你與父母旅行的機會，自然而又認真地做一次相互瞭解，讓親情在你人生之中更加濃烈起來。

關心、照顧、體諒、奉獻，是培養重視家庭和人間親情的開始。

千里之行，始於足下。要想培養自己重視家庭和人間親情的美好遠景，並非陪母親一次旅行就能達到的，外出旅行是一種形式，一個契機，真正想收到良好的效果，還要看你的具體做法。尊重、孝敬父母不僅僅是為你培養自己某方面的素質，更重要的是你應意識到這是你的本分，這是開創你成功事業和美好人生最基礎的條件。

在日常家庭生活中也好，與父母一起旅行時也好，面對父母，你心中永遠要有這幾個字：「關心、照顧、體諒、奉獻」。你行為上要永遠按這些字去做。將來有一天你老了，你的後輩也會像你對待自己父母一樣對待你。甚至於你的朋友和你的合作者也會對你投以親情。

你該輕鬆愉快又自豪地面對父母、面對自己，同時也以這種心緒來面對後輩。到那時，你才能真正懂得家庭和諧的意義，你才能真正體會到人間親情的溫暖。是的，你已經得到你想要的東西了，願你睡個好覺。

37 拿到十個以上資格證書

在人生的路途上，擁有各種能力是通向事業成功的關鍵。能力的培養有各種方式，但學習無疑是一種集中而效果良好的方法之一。

向自己挑戰，為拿到十個以上的資格證書而奮鬥。這是你獲得綜合能力而採取集中且效果良好的學習方法。你要記住，在自己的奮鬥歷程中，你並非需要十個以上的資格證書，而是獲得這十個以上的資格證書能夠幫助你培養克服困難、解決問題、開拓美好人生的奮鬥精神——這是你真正想要的資格證書。

1．認清挑戰、機會和問題。

要把一隻青蛙丟到熱水中燙死是很不容易的。因為青蛙突然一碰到熱，會很快跳出來。但是，如果把青蛙放在冷水中慢慢加熱，熱到青蛙感覺到熱想跳的時候已經太晚，牠大概已經被煮熟了。你在生活中遇到許多問題，都是慢慢出現的。在你能夠認清解決的問題之前，必須要認清自己面對的挑戰和機會是什麼。

解決問題誠然困難，但要瞭解問題的癥結所在更困難。愛因斯坦說過：「找出問題比解決問題更重要，因為解決問題可能只需要教學或實驗的技巧，而發現新的問題，新的可能性，以及從一個新角度來看舊問題，必須有富於創造性的想像力，科學的真正進步也是由此而產生的。」

沒有任何事比人類行為更有趣，而人類行為的最大特性，就是解決問題。問題的產生，起因於現狀與期望的差距。例如，你在家而想出門工作；人們挨餓而你想給予幫助；孩子不聽話你要讓他聽話；你很貧窮而想要富有；或者汽車不安全而你想要使其安全。每一件個人或專業上的問題，都會帶來一種富於創造性的挑戰，你怎樣面對這種挑戰，將決定你一生的成敗。

有一位高級企業顧問說過，能夠把握機會的來臨，乃是高級主管的特徵之一。例如：有一項研究發現，工程技術人員對在他們面前發生的問題，常常能夠想出很好的解決辦法；但是如果叫他們擬出一項有價值而待解決的問題，則這些工程師就會感到相當的困難。

大部分問題的解決模式，都經過一個評鑑的階段，當你把一種構想付諸實施之後，你必須評估其功效。你針對職業、人際關係、教育、身體情況等各方面設定的目標，與你所獲的功效是緊密相連的。

有一個孤寂不幸的小男孩，他生下來脊椎彎曲，左腿也是彎的。母親在他不到一歲時便亡故了，他長大以後，別的小孩都避開他。這個小孩叫查理．司坦麥茲。

查理向自己挑戰，他決心努力學習，拿到眾多資格證書而實踐自己美好的人生。

五歲，查理開始學習拉丁文的動詞變化。七歲，查理學會希臘文，同時學會了一些希伯來文。十一歲，他已經具備代數和幾何的良好基礎。

到他上完大學，他認為自己擁有眾多的資格證書而可施展一番。

歷經種種艱辛，在歷次遭人拒絕之後，最後查理在美國通用電氣公司找到一個繪圖員的職位，每週薪資十二美元。查理除了完成自己規定的工作任務之外，運用自己紮實而豐富的知識開始了電氣研究。後來，他的研究成果震驚了周圍的人。

過了一段時間，通用電氣公司的董事長得知了這個稀有的天才，他對查理說：「我們的整個工廠都在這兒。你愛做什麼就做什麼。你如果願意，整天做夢都可以，我們付你高額的薪水。」

查理有生之年得到了兩百種電氣發明的專利，又寫了很多有關電氣理論與工程問題的書籍與論文。他知道把自己學習時獲得的資格證書運用於工作的重要，也自信他能將這個世界變成一個更好居住的世界，這種貢獻可以帶給他極大的滿足。他賺取了很多的財富，又有一棟可愛的住宅，並且與他所認識的一對年輕夫婦分享這住宅。

查理．司坦麥茲就這樣體驗到了一個完美的快樂人生。

2．做一個經得起失敗的優秀者。

你是一個優秀者，從小學、中學一直到大學都是班上的資優生。你是父母和教師的驕傲，被他們寄託了無限的希望；你自己也暗下決心，你還要向自己挑戰，拿到十個以上的資格證書。但是你卻進展不順，你開始對自己的能力產生懷疑……

成功者都是優秀者，但優秀者並不一定總能成功。只有經得起失敗考驗的優秀者才有可能。如果你眼前正處於失敗，那麼你該從以下三個方面找找原因：

（1）你現在失敗只是暫時的挫折，是黎明前的黑暗，你只需咬緊牙堅持下來，曙光就在你眼前。

成功者不懼怕失敗，但都重視失敗。你能夠從中得到其他方法所不能給予你的寶貴教訓和啟示，它會幫助你認清自己和所面對的形勢，即時進行適當的調整，進而一步步通向成功。要相信，只要是金子，只要你用心去磨練，它總是會發光的。

（2）你有沒有根據自己的特長選定有效正確的目標，或者有沒有為這些目標付出應有的汗水和努力。

世界上從來都不存在各個領域都出類拔萃的全才。每個人的能力與精力都是有限的，所謂優秀者只能是某一方面的優秀者；所謂天才，也只能是某個領域內的天才。在選擇自己想獲得的十個資格證書時，你應正確地認識自己的長處和短處，揚長避短，選擇自己相對最有特長和最有希望成功的領域做為自己的奮鬥目標。只有這樣，你才能有效利用自己的長處而獲得成功。

有一個日本青年在大學法律專業畢業後，想再得到更多的資格證書幫助他以後成為出色的律師。於是又開始學習電氣、工程、力學、理髮、廚師、文學、哲學、繪畫、人際學、社會學、音樂、商業、經濟、行為學、管理學、教育學等等各方面的知識，以求完全獲得自己想要的那些資格證書而證明自己挑戰成功。

可是他在十年過去之後，卻只拿到了如文學、哲學、人際學、社會學、商業、經濟、行業、管理、教育學等九個資格證書，他拿到這些資格證書時早已精疲力竭，不再想去從事大學畢業時一直傾心的職業——律師。

這是典型的沒有根據自己的特長選定有效正確目標而造成的後果。事實上，那個日本青年獲得那九個資格證書只用了四年的時間，因為他聰明、好學，而那些目標又符合他的特長和愛好，且那些資格證書的獲得對他法律工作的幫助是顯而易見的。但電氣、工程力學、理髮、廚師對他當律師有什麼用呢？繪畫、音樂等能提高其藝術修養，但對律師職業的幫助卻較間接又不十分明顯。但他卻為獲得作用不大或根本用不上的資格證書而浪費了大好時光，以致後來連初衷也不想堅持了。

如果反省後，你發現你的特長與你的目標是相符的，你還要看看自己是否為自己的目標付出了必要的努力和汗水，這一點是經常被一些失敗的優秀者所忽視的。因為優秀者往往會因為自己優秀而無需花費與他人同樣的氣力就能獲得比他人更多的成果。但除非你是天生學習知識的奇才，沒有哪一門真正的知識會輕易地將它自己交到你的手上，你要獲得成功，就必須付出更多的努力。

（3）你孤芳自賞，既不謙虛也不敏銳，正確認清自己是獲得成功的關鍵。

個人的能力和才智是有限的，在生產、生活高度社會化的今天，個人的成功僅依靠自己的努力是無法達到的，它離不開他人的合作和幫助。如果你很聰明，能力強，你往往因為自己的優秀而很容易養成一種居高臨下、目中無人的習慣，這種習慣很容易讓人覺得討厭而被孤立。一旦你傷害了別人，要想得到別人的協助是不可能的，別人不為你設置各種障礙就不錯了。因此，學習謙虛和與人為善是非常重要的。

成功是一個能力、奮鬥和機會的綜合體，三者缺一不可，許多有天賦的人學習不努力，工作不勤奮，最終一生窮困潦倒。這是因為他們不敏銳，不能夠主動地創造機遇，不善於即時抓住機會。

鋼鐵大王卡內基說過：「當你抓住了某一機會，並已經準備好了去接受挑戰。你其實已經創造了自己的幸運。」

總之，假如你確信自己是一個能夠成功的優秀者，並且希望獲得成功，你就不要為你眼前的失敗而氣餒，拿到十個以上的資格證書，是治療灰心病最好的藥方，這是你人生奮鬥不息的目標。

38 做個生活中的「叛逆者」

很多偉大的成功者身上都有一種叛逆精神，他們會推倒前進中的一切障礙，包括他的父母親。你如果想成為一個成功者，就要設法做一個生活目標的求新者。你的人生不屬於你的父母，你的人生只屬於你自己，你要依靠自己的精神和行動去創造一個嶄新人生。

有一個牧師兒子的小故事也許會對你有所啟發：

在一個星期六的早晨，牧師正準備著他的佈道稿，他的妻子外出購買布丁。那時天下著雨，小兒子吵鬧不休，令人討厭。牧師在失望中拾起一本舊雜誌，一頁一頁地翻閱，直到翻出一幅色彩鮮豔的大圖畫——一幅世界地圖。他從雜誌上撕下那一頁，再把它撕成碎片，丟給坐在地上的兒子，說道：「小約翰，如果你能完整拼出這些碎片，我就給你兩元。」

牧師以為這件事會使小約翰花費上午的大部分時間，但是沒過五分鐘，就有人敲他的房門，是他的兒子。牧師驚愕地看到那些碎片捧在小約翰手中。

牧師生氣地問道：「小約翰，你為什麼不去拼這些碎片。」

小約翰說：「我為什麼要拼這些碎片？」

牧師說：「是我讓你這麼做的，我是你父親。」

約翰說：「我覺得拼這些碎片是浪費時間，我有自己的世界，我要唱歌，而且我相信這個想法是正確的。」

牧師聽完兒子的話後，眼睛一亮，說：「你替我準備好了明天佈道的話題，你的確有你自己的世界，而且你是正確的，我不應該把大人的想法強加給你，你去唱歌吧，孩子。」

如果小約翰照他父親的話去做，小心翼翼地去拼那些碎紙片，他可能要花費一上午，但小約翰沒那麼做，他覺得他有自己的世界，他應該去唱歌，他相信這個想法是正確的。結果他違背了父親的意願，他如願以償地唱了一上午歌。如果你認為自己是正確的，並且想按照自己所選擇的路走下去，那你就該義無反顧地走下去，這樣你才會擁有屬於你的人生。

你是否想過要擁有屬於自己的人生？你既不是你父母，也不是你朋友，更不是你同事。你是你，永遠是你。遺傳學家菲爾德說：「在整個世界史中，沒有任何人會跟你一模一樣。在將要到來的無限時間中，也絕不會有像你一樣的另一個人。」

你是個獨特的人，有著不屬於任何人的自我世界。數以億計的精子細胞經過了激烈的戰鬥，只有一個贏得了勝利——就是構成你的那一個！這是為了達到一個目標而進行的一次大

規模賽跑，這個為精蟲所爭奪的目標比針尖還要小，而每個精蟲也小得要被放大到幾千倍才能為肉眼所見。然而，生命的閃電，一個特殊的精蟲——最快、最健康的優勝者，它排除了所有障礙與卵子結合起來，形成了一個微小的活細胞。

最獨特的你的生命已開始，你已經成了一名冠軍，這種情況你以後還要面臨，你已從巨大的積蓄中繼承了你所需要一切潛在的力量和能力，以便達到你的目的。你生來便是一名冠軍，現在無論有什麼障礙攔在你的道路上，你都要打碎它，因為你未來的人生需要這樣。

大多數父母親都希望他們的孩子能夠按照他們的意願生活，因為他們已走過人生，他們已懂得人生裡的事情，哪些是好，哪些是壞。他們要使他們的孩子朝最好的方向去走，避開那些壞的事情。這種想法當然是好的，但擁有這種想法的父母恰恰不懂得，對他們而言是好的事情，對他們的孩子也許是壞的；對他們而言是不好的事情，對他們的孩子而言也許是好的，這也許是他們不願承認的，但這恰恰是生活的真實面。

聞名於世的日本企業家井戶口二十八歲時白手起家，到四十歲時已擁有資產十五億美元，從一名工讀生到一名億萬富翁，井戶口常感慨地說，我的成功兩個字就能概括，那就是要有「叛逆」精神。

井戶口出生於日本靜岡縣盤田郡山坳中一個貧寒的家庭裡。父親是位雇工，靠為人採伐木材掙得的微薄收入，勉強支撐著一家的生計。因為是臨時工，遇到天陰下雨，父親就等於失業，只能待在家裡無事可做，當然也就沒有收入。被迫無奈，母親也只好出去工作。修築道路時總會有些零碎的土木作業要人做，母親便去從事這樣的操作工，搬搬土塊、石塊、打掃環境，收入是非常微薄的。井戶口的父母希望井戶口將來能有一份安穩的工作，能夠掙一定的工資貼補家用就已經是奢侈的夢想。少年的井戶口看慣了家中貧窮的境況，在內心深處立下了將來要發財致富的願望，他沒有按照母親的意願打工掙錢，而是在家裡負擔不起學費的前提下堅持上學。他覺得，將來如果要掙錢，就一定要有知識，母親怪他不懂事，可是少年井戶仍舊堅持己見。他從父母親那勤勤懇懇、吃苦耐勞的態度，任勞任怨、腳踏實地的背影，明白了許多道理：做人就得踏踏實實，奮力奮鬥！

生在有錢人家固然好，成長在貧窮的家裡也有自家的優越之處，只要生活的真實，什麼樣的生活都有價值。井戶口也看出了造成父母親貧窮一生的原因，母親只懂得任勞任怨地生活，而不懂得反叛生活，打破現有生活的一切。井戶口覺得母親身上的悲劇不應在他身上重演。

井戶口從少年時期看見社會對有錢人誇張般的禮遇中，發現了自己的差距，進而產生了對金錢純粹的執著心，也正是這種執著化為了堅強的信念、奮進的動力，使他一天天地走向了成功。

到了中學時代，井戶口的美夢越發多了，也越發絢麗多彩。不過，他最大的夢想，還是闖進都市，一顯身手，在那裡開花、結果。

然而，並不是所有的美夢都能成真，井戶口不少朋友在城裡就業，他們起初的時候雄心勃勃，可是，不久便不是那樣了。他們漸漸地放鬆了自己，整日沉緬於好耍玩樂，無所事事之中。面對這種現象，井戶口暗暗提醒自己：「絕不能像他們那樣，一定要爭氣，要在城裡大顯身手，成為一個真正的有錢人！」到了昭和40年，也就是西元1966年，他國中畢業，為了實現成為大富翁的夢想，他便早早地離開了學校而投身到社會這所大學裡去。他決定去靜岡縣內一個比較大的城市濱松市工作。這一點，他與母親發生了激烈的爭執，母親不希望他離家工作，在本地找一份工作能夠維持生計就行了。井戶口堅持走自己的路，毅然離開家，選了濱松市一家汽車配件廠，當上了操作工。在那裡，他穿著連身工作褲，整天在沾滿油污的廠房裡，摸打滾爬，一待就是九年整！這家是個小型工廠，雇員非常少，所以做為一個從鄉下來的「外人」，顯然要被另眼相待。

不論井戶口多麼拼命地工作，晉升的機會仍舊是微乎其微。所以，這兒根本不是一展身手、開花結果的地方。他將心中的不滿告訴了父母。父母老實慣了，他們認為既然當初選中了這個地方，就不應該有所不滿，更不要坐山望著那山高。被他們說得沒辦法，只好硬撐著，這樣一撐就度過了九年。後來他還是覺悟了：父母的觀念並不適合我現有的人生。

於是，井戶口再次不顧父母的反對，毅然辭職。母親聽到井戶口辭職的消息後大驚失色，覺得自己兒子葬送了整個前途。井戶口後來回憶當初這個選擇時說：「如果我按照父母的意願在那個小工廠堅持幹下去，我一輩子將毫無出息，我將一輩子窮困，我在那個小工廠九年掙的所有錢，包括下班後的外快，總共只有一百萬日元，少得可憐。」井戶口選擇了自己的人生道路，正是由於這一選擇，井戶口才由一個白手起家的窮人家孩子變成世界上的億萬富翁。

你從井戶口的成功中是否獲得了新的啟發呢？如果你也想做一名井戶口那樣的成功人士，那你現在就要看看自己是不是走上了獨立的自我人生，擁有了「叛逆」精神，這是一件人生法寶。

39 編一本自己的辭典

這是一個講求創新的時代，在這個現實的世界裡，與眾不同成了時尚的代名詞。每一個年輕人都希望自己活的與眾不同，自己是這個世界上獨立並且獨特的個體，自己的存在迥異於任何人。所以我們需要成為一本與眾不同的辭典，這部辭典所有的一切詞彙都來自於你精心的創造，這些詞彙是獨一無二的，專屬於你自己的。而用這些詞彙造就的例句，就是你走向未來的道路，那個完結的句點就是你達到的目標，至於這條道路的選擇，這個目標的制訂，則完全取決於你自己，這部辭典的創作者。這部辭典上完整的記錄著你的優點與長處，也有著你的弱點和不足。這本辭典可以使你更清楚的認識你自己，進而更好的走向成功。

從現在開始，你要對自己進行正確的評價和分析。一個人如果能正確地認識自我，才能在奮鬥的過程中勇往直前。這世界上最難的事就是認識自我，戰勝自我。當你正確認識自我後，你就知道自己能幹什麼，不能幹什麼，如何能幹得更好。這將使你的人生有一個全新的開始，你的人生目標將比其他人遠大，成就也將勝過其他人；其他人則必須摸索前進，因為他們無法瞭解自我。

你首先應該認識自我，那麼如何認識自我呢？

你是否獨自一個人，在內心艱難地尋找過下列這些問題的答案：

1．你大部分時間都在想什麼？

2．你是否能從所犯錯誤中獲得寶貴的教訓？

3．你是否經常在工作中犯錯誤，其原因是什麼？

4．你是否覺得生活忙碌無用？

5．你是否嫉妒那些超越你的人？

6．誰對你最具啟發性的影響？

7．有多少原來可以避免的煩惱困擾著你？為什麼你會容忍他們？

8．你是否擁有一項明確的目標？

9．你最珍視的是什麼？

10．你是否很容易受別人的影響，而違背自己的判斷？

11．今天是否為你的知識或意識狀態寶庫增添了任何有價值的東西？

12．是否敢面對使你不愉快的環境，還是迴避這種現實？

13．能夠說出你最嚴重的五個弱點嗎？你打算採取什麼行動去克服這些弱點？

14．你的存在是否會對其他人產生影響？

15．你是否已學會如何進入一種使你能夠保護自己的精神意識狀態，而不受所有沮喪情緒的影響？

這些類似的問題可以無限制地提問下去，目的只有一個——那就是認識自我。如果在你的人生中還沒有這樣自我發問過，那就證明你還沒有清晰而正確地自我評價和自我分析過，你必須用最短的時間補上這一課。

你將來要想有所成就，必須有一個適當而又現實的自我伴隨著自己，並有健全的自尊心。必須信任自己，必須不斷地強化和肯定自我價值，必須隨心所欲地、有創造性地表現自我，而不是把自我隱藏或遮掩起來；必須有與現實相適應的自我，以便在一個現實的世界中有效地發揮作用。此外，可透過長期自我觀察或藉助心理諮詢師的指導，逐步而客觀地認識自己的長處和弱點，並且積極地對待這些長處和弱點。

當這個自我分析和評價在對自我揚長避短的基礎上日臻完善而穩固的時候，你會有「良好」的感覺。並且會感到自信，會自由地做為「我自己」而存在，自發地表現自己並會適當地發揮作用。如果它成為逃避、否定的對象，個體就會把它隱藏起來，不讓它有所表現，創造性地表現也會因此受到阻礙，內心更會產生強烈的壓抑而無法與人相處。

我們每一個人內心所真正需要的是更豐富的人生、幸福、成功、寧靜、快樂。這些感受都可以從豐富的生活或積極的創造過程中體驗到。當體驗到幸福、自信、成功的愉悅時，我們就是在享受豐富的生活。當我們落魄到壓制自己的能力，浪費自己的天賦本能，使自我蒙受憂慮、恐懼、自我譴責和自我厭惡的難堪時，就是在扼殺我們可以利用的生命力，就是在背離自我的道路。

「在你心靈的眼睛面前長期而穩定地放置一幅自我肖像，你就會越來越走進它。」哈利·愛默生·佛斯迪克博士說：「生動地把自己想像成失敗者，這使你不能取勝；生動地把自己想像成勝利者，將帶來無法估量的成功。偉大的人生以你想像中的形象——你希望帶來什麼成就，做一個什麼樣的人——做為開端。」

擁有十幾萬名雇員的英國石油公司是世界第六大公司，在英國經濟中起著舉足輕重的作用，其公司總裁彼得·蘇澤蘭正是在自己心靈的眼睛前面長期而穩定地放置一幅未來的標竿模樣，才逐漸走向聞名於世的成功。

1931年，彼得出生於英國伯明罕市一個警官家庭。在青少年時代，他的求知欲十分旺盛，曾立志當一名律師。然而由於父親在戰爭中陣亡，年輕的彼得出於經濟上的考量，在上大學不到兩週後便改學商科。此一選擇對他的一生頗為重要，儘管他當時並未意識到這一點。1954年，彼得從國民軍退役，滿懷著對跨國公司的憧憬，如願進入英國石油公司任

職，成為公司總部的一名小職員。在成為公司小職員的第一天，彼得即對自己進行了正確的自我評價和分析，向自己提出了十個問題，這就是彼得被世人廣為稱道的認識自我十面鏡子。也正是由於這十面鏡子，彼得才由一名默默無聞的公司小職員成為叱咤風雲的石油公司總裁。

十個問題分別是：

1．我最擅長做什麼？

2．我的自信心有多少？

3．我具備創新的思維模式嗎？

4．我能否自我控制？

5．我性格中致命的缺點是什麼？

6．我熱愛每一天的工作嗎？

7．我一天能做完幾項工作？

8．我與他人合作的能力有多少？

9．我懼怕失敗嗎？

10．我掌握了多少有關石油業的知識？

彼得在對自我進行正確的評價和分析後，揚長避短，百折不撓，開始了漫長的自我奮鬥人生。

1958年，彼得被提升為公司供應部的經理助理，負責船員運送、分派及後勤等工作。1959年，他先後被派往紐約、東京等地辦事處任職。從最基層做起的任職生涯，不僅使他充分熟悉了公司的各項業務，而且廣泛探索了美國和日本的石油業，進而使其在公司具有相當穩固的根基。1964年，彼得被派往紐約，任常駐紐約的商務部副總裁。1967年，回到倫敦，擔任總經理助理。不久，中東戰爭爆發，蘇伊士運河被無限期地關閉，石油運輸被迫繞道好望角，油輪頓時十分搶手。公司需要租用油輪，但擁有世界上最龐大船隊的船王奧納西斯開價卻十分苛刻，他要求英國石油公司很快決定，要就租用他的全部油船，要不就一艘也不租用。他遇到了事業上的難關，進退維谷，舉棋不定。後來，彼得回憶他的這一段人生時，語重心長地說：「促使我做出超乎一般人的決策，無外乎得益於我青年時期的十條自我評價和分析，在面對船王奧納西斯強加給我的難題時，我思考最多的就是這十條其中的三條，即我的自信心還有多少？人懼怕失敗嗎？我與他人合作的能力有多少？答案是這樣的，我的自信心是強而有力的，我不懼怕失敗，我與他人合作的能力是無限的。我清晰地知道自己具備這些力量後，我便做出了決定。」他果斷地做出全部租用奧納西斯船隊的決定。一週後，油船租金即翻了一倍，彼得因此也開創了他事業上的新局面。1971年，彼得被任命為負責西半球事務的總經理，1977年底升任公司常務總經理，1981年起擔

任公司總裁兼總經理。正是由於青年時期正確的自我評價和分析，他才取得了令世人矚目的輝煌成就。

你要永遠記住，一切的成就，一切的財富，都始於一個意念，即認識自我。當你開始正確地認識、分析和評價自我，認真地編一本自己的辭典時，你也開始邁出你未來人生的第一步。假如你現在已擁有了一本辭典，你要深刻地反省一下這本辭典是不是發自內心的獨白視角，它必須是你生命本質、獨特的認識和人生經驗所沉積下來的真正智慧。它絕不能人云亦云，它必須是唯一的一本。那裡有你優於他人的長處，它是透過你的心靈和眼睛以及智慧所建構成的一個獨特世界。

一般而言，一個人的自我世界都是根據自己過去的成功或失敗，他人對自己的反應，自己根據自己與環境中他人的比較意識，特別是童年經歷等四個主要方面不自覺地形成的。根據這些，人們心裡便形成了「自我世界」。就自身而言，一旦某種與自身有關的思想或信念進入這幅「自我形象」，它就會變成生命中的一部分。進入你的心靈的每一件事情都具有一種效用，且會被永遠地記錄下來。它可能會有所創造，為你的未來成就打下基礎；也可能會有所毀滅，進而損毀你可能的成就。你的心靈要積極吸收那些會讓你有所創造的每一件事情，並把這件事情經過你智慧的洗禮變成你獨有的。你要永遠拒絕那些會讓你有所毀滅的事情，不論大小，這樣，你才會保持一個自在而完美的自我世界。

從古至今，億萬人曾經生活在這個地球上，但從來未曾有過、也將不會有第二個你。你是地球最獨特且唯一的，這些特性賦予你極大的價值。你應該知道，上帝創造那些成功時也創造了你，照上帝的眼光看來，你和他們一樣珍貴有價值。所以，當你編攥一本自己的辭典，用獨自的視角創造一個獨自的世界時，你要格外珍惜愛護這本辭典——因為它能推動你駛向成功的彼岸。

40 時間管理

我們說某人做事十分認真、非常努力，常用他工作的時間長短做為評判的標準，每天工作的時間長，自然就是一個好員工。如果某人每天只用兩個小時就可以完成規定的工作量，並且他每天只工作兩小時，多一分鐘也不願意，這樣的人肯定不受上司歡迎。想要受到主管青睞就得在他剩下的時間裡繼續努力工作，完成三倍的工作量，那樣的話，他肯定要被列為典範，得到榮譽和獎勵，認真的程度將是無人可比。

在這個虛擬的故事裡，還可以有另一種可能，工作速度快的那個人每天工作四小時，他的工作量依然名列前茅，榮譽和獎勵都不會改變，他還可以利用剩下的兩小時在公司做工作範圍以外的事情（假如不被上司知道的話），甚至可能多出一些收入。顯然，如果懂得時間管理，提高自己的工作效率，能夠帶給我們許多期望之外的東西。

為大家提供一個簡單有效的安排時間的方法，即ＡＢＣ法。

首先，將所有要做、應該做的事情列成表。在計畫表中，在你認為需要優先處理的事項左邊寫上字母「A」，次要的寫上字母「B」，重要性最低的寫上「C」。

在每一大項中，你還可以根據事件的重要程度、緊迫程度、價值、條件準備等因素劃分實施順序，可以分成「A-1」、「A-2」、「A-3」、「B-1」、「B-2」、「B-3」、「C-1」……這種列表的方法，可以是安排實施的順序，也可以是安排時間塊的大小。譬如：「A」等工作安排時間2小時，「B」等工作安排時間1小時，「C」等工作安排時間3分鐘。

雜亂無章的事情，經過這樣的安排，相信你已經能明白知道自己應該先處理什麼，後處理什麼，哪些事情安排多少時間等，一切清清楚楚。

一天的具體工作安排可以採用「ABC」法，你一生的計畫也可以採用「ABC」法，一年的時間安排或一個月的時間安排也都可以採用「ABC」法則。

一天24小時中，除去睡眠之外，我們還需要排除一些必須花費的時間，除此之外才是一般意義的工作時間。一般人的時間安排皆以工作時間為主。其實，在非工作時間裡，還能騰出一些時間來可供使用。針對這些零碎的時間利用，有些書中建議做「必須動作」（如起床、吃飯）的同時安排另外一些可同時進行的事情，這樣做當然能提高效率，但實際上只是加劇了緊張程度，因此不宜效法。我們學習時間管理的目的，不是延長人的工作時間，相反，而是在完成同等工作量的基礎上減少工作時間，為大家提供更多的空間和時間由自己去安排。

如何利用那些「非工作時間」呢？我們建議採取「替代法」，即把另外一些輕鬆的事情安排在這段時間裡進行。譬如可以在洗澡的同時聽音樂，在上班路上安排晚餐的菜單等等。

其實，在「非工作時間」安排一些與習慣不同的事情多少有些牽強，最好的辦法是利用這段時間充分安排好生活，調理身體，將狀態調整到最佳，使自己在「工作時間」裡能夠精力充沛地工作。

日本大島建築的高木工程師，由於長期超負荷工作，身體始終處於極度緊張狀態，患有嚴重的神經衰弱和胃病，精神狀態不佳。醫生建議他適當放鬆，注意休息。高木聽從醫生的勸告，星期五工作一結束，帶領全家人出外做短期旅遊，盡情享受天倫之樂。一段時間下來，他的情況發生了很大變化。過去儘管工作時間很長，效率卻一直無法提高，現在雖然每週少工作了十幾個小時，完成的工作量卻大大地增加，個人的精神狀態也好比以前更好。

那些聲稱被工作壓得喘不過氣來的人，應建議他們不要去做「C」級工作，這對於那些能夠自主安排工作計畫的人尤為重要。但人們通常對取消做「C」級事物非常猶豫，其實這大可不必。

想競選某縣知事的C君到中川二這裡請教，請他幫助他安排競選的時間表。他當時的情況是，與另一位任職多年的候選人相比，他處於劣勢，因此必須充分利用時間做大量工作，以便迎頭趕上，這些工作中很重要的一項是對選民發表演講。中川查看了他的演講計畫表，發現有80％的演講會他都沒必要出席，事實上馬不停蹄地旅行已經拖垮了他的精神，到了正需要認真對待的演講時，他反而顯得力不從心。中川舉了1960年美國總統競選，尼克森與甘迺迪對陣的情況為例。在最後的那段時間裡，尼克森匆匆跑到阿拉斯加、夏威夷、懷俄明等地去履行他訪遍五十個州的諾言，而甘迺迪卻把重點放在那些能使他取得多數選票的大城市，結果自然是甘迺迪獲得了勝利。

C君在研究了中川的提議之後，欣然同意他的安排，不重要的演講活動由助手上臺，而他把精力全部放在那些重要的演講會上。其中一場由全部候選人參加的演講會，由於C君事先做了充分的準備，演講時獲得了全場長時間的掌聲，相較之下，其他幾位就遜色得多了。最後，C君終於如願以償地登上了縣知事的寶座。

提高利用時間的效率，需要經常性的訓練，以便培養出一個好習慣來。在提高時間利用效率方面，我們容易犯的七個錯誤是：

1．放縱自己：想做什麼就做什麼，買新衣服、看電影、吃零食，參加一些沒有意義的聚餐，漫無目的地在街上閒逛等。

2．社交廣泛：喜歡與人交往，老是打電話與朋友閒聊，既浪費了自己的時間，也耽誤了別人的時間。

3．盲目閱讀：抓起桌上堆放的任何一本沒有讀過的雜誌，拿過來就看，真正需要閱讀的資料卻放在辦公桌的抽屜裡。

4．自己動手：花費一個小時抄寫參考書的筆記，而不是把最重要的三頁複印下來。寧可手算複雜的運算，而不運用幾步遠的電腦進行運算。自己做一些可以委託他人做的事，鑽研那些與你無直接關係的工作。

5．畫蛇添足：嚴密監督受雇者，使他們不能完成他們的工作。對所有的來訪者都要額外多談十五分鐘有關含羞草和蝴蝶的問題，或孜孜不倦地向上司寫進度報告，以致於你幾乎沒有時間來提高自己的業務水準。喜歡整理辦公桌，裡裡外外清掃。

6．逃避：如果你在總部工作，分派你去現場工作時，你卻離開現場回到總部，做一些不需要的事情。如：親自把備忘錄從一個辦公室送到另一個辦公室，親自去繳電話費，延長喝咖啡和吃午餐的時間。

7．做白日夢：計畫你將怎麼度過週末；擔心所有沒有做完的工作。想像怎麼去使用額外發放的獎金；回憶自己昨天晚上說過的連珠妙語等等。

時間就是生命，它不能失而復得，也不能被任何東西所替代。浪費你的時間就是浪費你的生命，而控制你的時間就是掌握你的命運，使你的生命更有價值。

唯一提示是：「ＡＢＣ，現在開始，做標號『A-1』的那件事。」

41 每天反省自己的失誤之處

「人非聖賢，孰能無過。」人，總有犯錯之時，這時應該怎麼辦呢？唯一的辦法是反省自己並改正自己的過失。

這個世界生活著無數各式各樣的人，他們的性格、經歷、興趣、職業都不相同，你也是他們其中的一個，當你在生活中遭遇這些人時，無論是在語言上、思想上、行為上都會與他們發生碰撞，這種碰撞有好的，也有壞的。當然，好的情況就會成為推動你人生前進的動力；壞的情況，則成為你人生的絆腳石。

美國成人教育大師卡內基說過：「在你人生成功的事業中，成功的人際關係佔有相當重要的地位，必須予以重視。」而禮節是人際關係中的首重。

美國哈佛大學專門為學生開了有關禮節的課程，詳細地介紹禮節的重要性。在現代社會中，好的禮節教育是打開人際關係的通行證。如果你無時無刻都彬彬有禮，那你一定可以擁有成功的人際關係。

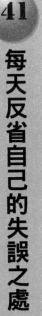

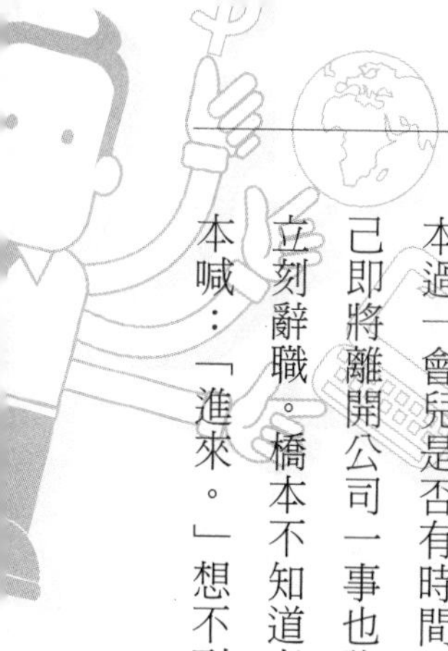

注意禮節，尤其要注意那些小禮節。小禮節往往是人際關係最具彈性的因素，它可以瞬間使你處於格外順利的環境中，也可以在眨眼之間令你處在難堪境地。

例如，當你在公司走廊裡碰到自己的上司，你如果向他問一聲好，上司肯定會格外高興。假如你由於某些原因，心情低落，低著頭與上司擦肩而過，他最直接的想法就是難道這名職員對我有什麼不滿意嗎？如果這種情況連續發生幾次，後果是可想而知的。

所以，要格外注意那些小禮節，千萬不能忽視它。

本田汽車王國的總經理本田宗一郎在他的公司內就非常注意禮節。不論遇到哪一級的員工，都會主動跟員工問好，使員工們都覺得老闆非常和藹可親，覺得在這種公司裡做事有一種回家的感覺。本田宗一郎用細小的禮節挽留住公司一名中階技術人員的故事特別被人傳為佳話。

公司中階技術人員橋本二郎因嫌工資低而欲離開本田公司。本田宗一郎知道此事後，並沒有給橋本二郎加薪，而是在公司大廳內遇到橋本二郎後，很有禮節地向橋本問好並問橋本過一會兒是否有時間，他想跟他談談。橋本不知道老闆是什麼意思，回到辦公室思考自己即將離開公司一事也許不知被哪一個小人向本田報告了，橋本感到很氣憤，他準備明天立刻辭職。橋本不知道老闆什麼時候會召見他，正在他胡思亂想之時，響起了敲門聲，橋本喊：「進來。」想不到進來的竟是本田。本田問橋本：「我沒打擾你吧！如果你忙，我可以過一會兒再來。」橋本大感意外，他沒有想到老闆竟會用這種語氣跟他說話，讓他感覺就像橋本是總經理，而本田是員工似的。本田並沒有提及橋本欲離開公司一事，而是詢問了一些工作上是否有什麼難處的話便離開了。

本田做為公司總經理完全可以把橋本叫到辦公室質問一番，根本用不著親自去找橋本，而且敲門及詢問的語氣都格外有禮。本田也根本用不著為一名中階技術人員親臨其處，但本田恰恰這樣做了。

當橋本後來成了本田公司的高級技術人員時說：「那時，要是離開公司就真是太傻了，我再到什麼公司去做事能遇到如此彬彬有禮的總經理？當時，我是想離開，是本田經理對我的態度使我留下來並發奮工作的。」

當這段佳話在本田公司流傳開來時，你可以想像出本田宗一郎在全體員工中的領導形象有多麼好。

「注意生活中那些小禮節吧！它會為你帶來更多的益處，而這些是不需要花錢的，更不會浪費你的精力。」本田宗一郎對他的員工這麼說。當你在生活中處理人際關係時，請時時銘記本田宗一郎的這句話。

一個未來的成功者要具備反省自己失禮之處的能力。反省自己會讓你找出自身的差距，促使你「改過自新」。

一個沒有反省能力的人是個無可救藥的人。

反省能力可以促使你更快地進步。日本著名推銷員勾口健二就是做到了每天主動反省自己進而取得事業上的成功。

做為推銷員，勾口健二整天要與各種顧客打交道，如果他不注意那些人和人交往所必須的禮節，想必會失去很多客戶。為了防止這種情況發生，勾口健二做推銷員時，每天必攜帶鏡子在身邊。出發時，對鏡子反省自己，自問自答前一天的推銷工作是否有失禮之處，如果有，具體失禮在哪個人身上，這種失禮的出現是由自身哪種原因造成的，自己應該從哪裡入手，積極地改正。對自己反省完，勾口健二再出去進行推銷工作。

每當他見完一個客戶時，就拿出鏡子反省自己一次，自問剛才拜訪客戶是否有失禮之處，如果有，絕不允許這種失禮行為在見下一個客戶時出現。如果沒有，便積極鼓勵自己向更好的方向去做。

就這樣，鏡子成了勾口健二的良師益友，為勾口健二取得好成績提供了相當大的幫助。

人都希望別人對自己彬彬有禮。如果你身邊有很多非常講究禮節的人，你會覺得整個世界都美好起來，相反，身邊常常有那些不講究禮節的人，常常衝撞你，冒犯你，可想而知你的心情會怎樣。

每天反省自己的失禮之處是完全發自內心的，它是生命內在的一種力量，它可以潛移默化地改變你。反省自己的過程就是「真」的過程，你必須完全真實地正視自己，才會取得反省自己的好效果。

一言以蔽之，因為你每天反省自己的失禮之處，你在與人交談時，更富於熱情和誠意，而你的身體整體動作也完美而和諧，你的思想也會健康而明朗。想想吧！這樣一個富有朝氣的人怎麼不會取得自己事業上的成功呢？

紐約中央鐵路公司前總經理佛瑞德克．魏廉生曾經說過這樣的話：「我越是反省自己，越對自己不滿意，我就能越快地進步。」反省自己會讓你覺得自身還有許多不完美的地方，而不滿是推動人向上的車輪。天下不知有多少人一事無成，原因就是不懂得反省自己。他覺得自己樣樣做得都非常好，不需要再進步了。他得到了一個穩定的工作，終其一生總是得到那一點薪水，每天總是做一樣的工作，由於不反省自己，而日復一日地以那種一成不變的工作方法工作，這樣直到他死為止，仍舊一事無成。

真正的成功者不怕承認在處理人際關係中所犯的錯誤。他們與平凡人的區別就在於，他們發現這些錯誤時能立刻改正並向好的方向努力。而平凡人是不懂得即時反省自己，讓人際關係中的錯誤一錯再錯地發展下去。

凡是有頭腦的人都知道自己有許多缺點。他反省的目的就是發現這些缺點，並把這些缺點演化成一種動力，推動其進步。

當你學會每天反省自己的失誤之處時，你會發現自己是個極具魅力的人。你會覺得自己在人群之中如魚得水，你的說話很有份量，很有說服力，你甚至可以公開演講並得到大家的一致好評；你會懂得如何更真誠更有禮貌地握手，表達出自己的溫柔和熱情。

你會把其他人吸引到你身邊，你會突然覺得周圍多了許多朋友。你自己彬彬有禮，和藹可親，將會使其他人感到快樂；你也會得到快樂，而這種快樂是無法以其他任何一種方式獲得的。

42 每天檢討你完成目標的結果

目標永遠是一盞燈，有了目標，內心的力量才會找到方向。漫無目標的漂蕩終歸會迷路，而你心中那一座無價的金礦，也因不開採而與平凡的塵土無異。

你過去或現在的情況並不重要，你將來想要獲得什麼成就才最重要。你對將來一定要有目標，而且在奮鬥之中要對設定的目標經常加以檢討，使之永遠明確，永遠看得清目標與自我現實的距離，讓你能夠選擇一條最正確、最直接的道路邁向目標。

據美國勞工部統計，每一百個美國人當中，只有三個人能在六十五歲時，獲得經濟上某種程度的無憂無慮。每一百個六十五歲的美國人當中，九十七個人一定要依賴他們每個月的社會保險金才能生存。這是不是顯示美國的夢想已經破滅了？

還有一個統計數字，每一百個從事高薪職業，例如律師，醫生等的美國人當中，只有五個人活到六十五歲時，不必依賴社會保險金。你聽到這項統計數字後，是否大吃一驚呢？不管人們在他們最具生命力的年齡中獲得怎樣的收入，但是只有如此少數的個人能達到可觀的經濟成就。而大多數人則在浪費他們的金錢、時間以及心力，從事所謂的「消除緊張情緒」的活動；而不是去從事「達到目標」的活動。大多數人每週辛勤工作，賺夠了錢，在週末把它們全部花掉。大多數人希望命運之風把他們吹進某個富裕又神秘的港口。他們盼望在遙遠未來的某一天退休，在某地一個美麗的小島上過著無憂無慮的生活。倘若問他們將如何達到這個目標，他們回答說，一定會有某種方法的。如此多的人無力達成他們的理想，其原因在於：他們從來沒有真正設定未來的目標，更談不上在奮鬥之中對設定的目標經常加以檢討。沒有目標，便永遠不會走向成功。

目標不是幻想，因為它可以實現。沒有目標，不可能發生任何事情，也不可能採取任何步驟。如果沒有空氣，沒有人能夠生存；如果沒有目標，沒有任何人能成功。目標的作用不僅是界定追求的最終結果，它在整個人生旅途中都有幫助。你在追求過程中不斷地檢討所設定的目標，意在明確目標，激勵自己內在潛能，而不至於在奮鬥過程中模糊目標甚至失去目標。

你為自己訂下目標之後，目標就在兩個方面起作用：它是努力的依據，也是對你的鞭策。目標給了你一個看得著的標靶。隨著你的努力實現這些目標，你就會有成就感。對許多人來說，制訂和實現目標就像一場比賽，隨著時間推移，你實現一個又一個目標，這時你的思想方式和工作方法又會漸漸改變。你的目標必須是具體的，可以實現的。這一點很重要，如果計畫不具體，那會降低你的積極性，你就會洩氣，撒手不做了。

1952年7月4日清晨，加利福尼亞海岸籠罩在濃霧中。在海岸以西二十一英里的卡塔林納島上，一個三十四歲的女人涉水下到太平洋中，開始向加州海岸游過去。要是成功了，她就是第一個游過這個海峽的婦女，這名婦女叫費羅倫絲·查德威克。在此之前，她是從英法兩邊海岸游過英吉利海峽的第一個婦女。那天早晨，海水凍得她身體發麻，霧很大，她連護送她的船都幾乎看不到。時間一個鐘頭一個鐘頭過去，千萬人在電視上觀看。有幾次，鯊魚靠近了她，被人開槍嚇跑。她仍然在游。在以往，這類渡海游泳中她的最大問題不是疲勞，而是刺骨的水溫。十五個鐘頭之後，她凍得發麻，她知道自己不能再游了，請人拉她上船。她的母親和教練在另一艘船上。他們都告訴她海岸很近了，叫她不要放棄。但她朝加州海岸望去，除了濃霧什麼也看不到。幾十分鐘之後，也就是從她出發算起15個鐘頭又55分鐘之後，人們把她拉上船。又過了幾個鐘頭，她漸漸覺得暖和多了，這時卻開始感到失敗的打擊，她不假思索地對記者說：「說實話，我不是為自己找藉口，如果當時我看見陸地，也許我能堅持下來。」人們拉她上船的地點，離加州海岸只有半英里，後來她說，令她半途而廢的不是疲勞，也不是寒冷，而是因為她在濃霧中看不到目標。查德威克小姐一生中就只有這一次沒有堅持到底。兩個月之後，她成功地游過同一個海峽。她不但是第一位游過卡塔林納海峽的女性，而且比男子的記錄還快了大約兩個鐘

頭。查德威克雖然是個游泳好手，但也需要看見目標，才能鼓足力氣完成她有能力完成的任務。當你設定自己的成功時千萬別低估了制訂可實現目標的重要性。

每一次，你都可能遇到對自己的人生和周圍的世界不滿意的人。你可知道，在這些對自己處境不滿意的人中，有98%對心目中喜歡的世界沒有一幅清晰的願景，他們沒有改善生活的目標，沒有一個人生目的去鞭策自己。結果是，他們繼續生活在一個他們無法改變的世界上。制訂人生目標並不斷研討這一目標必定能增加你成功的機會。正如貿易鉅子賓尼所說：「一個心中有目標的普通職員，會成為創造歷史的人；一個心中沒有目標的人，只能是個平凡的職員。」制訂目標並不斷檢討目標的一個最大好處是有助於我們安排日常工作的輕重緩急。沒有這些目標，我們很容易陷進跟理想無關的日常事務當中。一個忘記最重要事情的人，會成為瑣事的奴隸。目標能使你集中精力。另外，當你不停地在目標的召喚下發揮自己內在的生命力時，你的生命將進入一個全新時期，最終，在達到目標時，你自己成為什麼樣的人比你得到什麼東西重要得多。雖然目標是朝著將來的，但目標使你能把握現在。為什麼呢？因為可以把大的任務看成是由一連串小任務和小的步驟組成，要實現任何理想，就要制訂並且達到一連串的目標。每個重大目標的實現都是幾個小目標、小步驟實現的結果，所以，如果你集中精力於當前手上的工作，心中明白你現在的種種努力都是未來目標的鋪路石，那你就能成功。

一個對自己所設定的目標不經常加以檢討的人就像一艘沒有舵的船，永遠漂流不定，只會陷於失望、失敗和喪氣的海灘。前美國財務顧問協會的總裁路易士．洛克曾接受一位記者有關穩健投資計畫基礎問題的採訪。他們聊了一會兒後，記者問道：「到底是什麼原因使人無法成功？」洛克回答：「對設定的目標不經常檢討，導致目標模糊不清，成為虛設的目標，自欺欺人還自認聰明過人。」記者請洛克進一步解釋。他說：「我在幾分鐘前問過你，你的目標是什麼？你說希望有一天可以擁有一棟山上的小屋，這就是一個模糊不清的目標。問題在於你要對『有一天』進行檢討，到底是哪一天，因為不夠明確，所以成功的機會也就不大。如果你真的希望在山上買一間小屋，你必須先找出那座山，找出你想要的小屋現值，然後考慮通貨膨脹，算出五年後這棟房子值多少錢，接著你必須決定，為了達到這個目標每個月要存多少錢。如果你真的這麼做，你可能在不久的將來就會擁有一棟山上的小屋，但如果你只是說說，夢想就可能不會實現。夢想是愉快的，但沒有配合實際行動計畫的模糊夢想，則只是妄想而已。」

記者按照洛克的話去做了，兩年以後，果然擁有了一棟山上的小屋。記者後來再次見到路易士．洛克時，激動地對他說：「如果不是你那一席話，我真不知道什麼時候能夠擁有一棟山上的小屋，我也許會被『某一天』耽誤一生。」

一般來說，對設定的目標經常加以檢討往往是從四個方面開始的，即檢討目標是不是長期的、遠大的、具體的、特定的。

沒有長期的目標，你可能會被短期的種種挫折擊倒。理由很簡單，沒有誰能像你一樣關心你的成功。你可能偶爾覺得有人阻礙你的道路，故意阻止你進步，但實際上阻礙你進步最大的敵人是你自己。其他人可以使你暫時停止，而你是唯一能永遠堅持的人。如果你沒有長期的目標，暫時的阻礙可能構成無法避免的挫折。家庭問題、疾病、車禍及其他你無法控制的種種情況，都可能是重大的阻礙。當你設定了長期目標後，開始時不要嘗試克服所有的阻礙。如果所有困難一開始消除得一乾二淨，便沒有人願意嘗試有意義的事情了。你今天回家之前，打電話到交通管理所詢問所有的路口交通燈是否都變綠燈了，交通警察可能會認為你是無理取鬧。你應該知道你是一個一個地通過紅綠燈，你不僅能走到你舉目所及那麼遠的地方，而且當你到達那裡時，你經常都能看到更遠處。一般說來，成功與不成功的差異就是領悟到如果你期望成功，你就必須每天朝著目標工作。舉重選手都知道，如果他想成就偉大的目標，就必須每天鍛鍊肌肉，每一對想養育出有教養、可愛孩子的父母，都知道人格與信念是每天不斷培養的結果。

世界上最大的拉鏈製造公司總裁吉田忠雄以一種有意義的方法說明對長期目標和天天努力的理解。他說：「成為偉大的機會並不像急流般的尼加拉瀑布那樣傾瀉而下，而是緩慢的一滴、一滴。」

吉田忠雄生於日本北部，三〇年代初在一家小廠修拉鏈時見這種小技術也能賺錢，便立志將來要建立一個世界上最大的拉鏈王國，當他把這個想法說給同事聽時，笑得同事們人仰馬翻，以為他神經不正常。從來還沒有一個人能夠以拉鏈發跡而建立起一個王國。吉田忠雄為自己訂下了人人認為不可能的人生目標後就默默地努力。1934年，他開辦了三S公司，專門生產拉鏈。1941年太平洋戰爭的炮火把公司化為灰燼。1945年，吉田重建拉鏈廠。1948年，吉田把拉鏈廠改名為吉田興業會社，拉鏈王國崛起了。吉田忠雄經過幾十年默默努力，終於建立起自己的拉鏈王國。這個王國在三十九個國家和地區設有四十二家工廠和一百三十七個營業處，每年生產的拉鏈，總長度有一百九十萬公里，可繞地球四十七圈多。公司年產量佔日本拉鏈總產量的90%，世界總產量的35%，每年銷售額達二十億美元。他的財富與聲譽並不亞於豐田英二、盛田昭夫等現代工業巨頭。

當你設定長期目標時還要經常檢討目標是否具有遠大性。因為在漫長的奮鬥過程中，急功近利和實用主義會使你不知不覺地放棄遠大目標，而放棄往往是成功路上的絆腳石。大目標往往就是推動人們前進的夢想。隨著這夢想的實現，你會明白成功的要素是什麼。沒有遠大的目標，人生就沒有瞄準和射擊的目標。正如道格拉斯．勒頓說：「你決定人生追求什麼之後，你就做出了人生最重大的選擇。如果你願意，首先要弄清你的願望是什麼。」有了遠大目標，你就有一股無論順境、逆境都勇往直前的衝勁，遠大目標使你能取

得超越你自己能力的東西。

遠大目標很重要，幾乎每一個人都知道，然而，一般人在人生的道路上，只是朝著阻力最小的方向行事，這是「徘徊的大多數一般人」，而不是「有意義的特殊人物」。你必須是一位有意義的「特殊人物」，而不是一位「徘徊的大多數一般人」。

選一個最熱的天氣，從商店裡買一些最大的放大鏡以及一些報紙，把放大鏡放在報紙上，離報紙有一段小距離。如果放大鏡是移動的話，永遠也無法點燃報紙。放大鏡不動，把焦點對準報紙，就能利用太陽的威力將紙點燃。

不論你具有多少能力和才華，如果你無法管理它，將它聚集在特定的目標上，並且一直保持在那裡，那麼你永遠無法取得成就。一個獵得幾百隻鳥的獵人並不是向鳥群射擊，而是每次選定一隻做為「特定」的目標。

設定目標的藝術是把它聚在某一特定的、詳細的目標上。「許多錢」、「好大的房子」、「高收入的工作」、或成為一位「較好的丈夫、妻子、學生、人」，這些目標訂得都太籠統了。一般而言，都不夠特殊。例如，不能光講是「大」或「好」的房屋，你的目標應當很清楚地以細節表示出來。如果你不知道精確的細節，就要收集一些合你心意並有房屋圖樣的廣告雜誌。建築商或房地產商人有樣品圖時，要多方參考集思廣益，各種創意與觀念。一個未來的成功者必須具備設定目標的一般知識，並且實際應用。

當你說，我未來要做一個成功者，這個目標太不具體，太籠統了。目標必須具體，比如你想在一年之內賺50萬元，那麼你就訂一個目標，每月、每一季必須賺多少錢，由於你訂的目標很具體，並能按部就班去做，便能達到目標。有人曾經做過這樣一個試驗，他將一群人分成兩組比賽跳高。兩組先是一起跳了6呎，接著將他們分開，對其中一組說：「你們能跳過6呎5寸。」而對另一組只說：「你們能跳得更高。」然後讓他們分別進行。結果第一組由於有6呎5寸這樣的一個具體要求，他們每個人都能達到要求，而第二組沒有具體的目標，所以他們只跳過5呎多一點，不是所有的人都能跳過6呎5寸。為什麼呢？就是因為第一組有一個具體的目標，由此我們可以看出有沒有具體目標的差別。

從以上四個方面對你所設定的目標經常加以檢討會使你以最快的速度走向目標。你不想做一個平庸的人，那就從今天開始制訂目標吧！並且要對這個目標經常加以檢討，檢討是對你的一種告誡。正如偉大的成功者羅伯特．梅傑所說：「如果你對制訂的目標不經常檢討，你很可能走到不想去的地方。」盡一切努力去實現自己的夢想吧！

43 參加一次競選

參加一次競選——不管是競選學生幹部、企業董事還是州長甚至總統，當你完成一次競選，當你為競選而東奔西走，不管競選能否成功，你都會發現，你的所得完全超出自己的想像。

1．獲得表達技巧

就算你根本沒有打算要在什麼時候公開演說，但你無法避免與社會進行交流和溝通，你表達的能力如何，不但決定競選的成敗，也可決定你日後事業的成敗。

當你在發表你的觀點時，心裡首先想的是你說話的目的：究竟是要提供消息，娛樂聽眾，還是說服聽眾贊同你的立場，或遊說他們採取某種行動。在做公開演說時，你應盡量使這些目的分明。不論在演說內容或講演的態度方面，你都要刻苦鍛鍊自己的表達能力。

一般場合中，這些目的常變動不定，彼此相互關聯，並常一日數易。某一刻裡也許你還在與朋友縱情閒聊，突然下一刻裡也許就要翻動三寸不爛之舌，竭力推銷一項產品，或諄諄勸告孩子要把零用錢存入銀行裡。當你把這些技巧用於你的競選之中，有效說明自己的意念，並能巧妙而成功地說服別人，便能充分達到你的目的。一旦你熱衷於表達自己的意念時，哪怕是規模有限，你也會開始搜尋自己的經驗，做為話題的資料。就這樣，奇妙的事情發生了——你的視野開始擴展，你看到自己的生命有了新的一層意義。

這時你已學會了清晰、連貫的思考和強而有力的表達你的思想。你已經學會快速思考與選擇詞語的技巧。這種技巧不只限於你競選時的演講——它還可以在以後的日子裡每天為你所用。

2．獲得影響力

在你為競選積極準備的過程中，你不但要利用自己的一切優勢來拉選票，還要把你一切潛能、想法發揮出來，你要利用你的親人、你的朋友、你認識和不認識的人為你進行宣傳，而要讓別人為你做事，最重要的是你的影響力如何。

以山姆．李文生為例，他身兼廣播和電視明星，而且是在美國家喻戶曉的講演者。他過去在紐約擔任中學教師，平常喜歡針對自己最瞭解的，像自己家庭、親戚、學生，以及工作當中不尋常的方面，發表簡短的談話，以鍛鍊自己對他人的影響力。長期堅持這樣做的結果是：那些談話，聽眾反應熱烈，不久，他常被邀請去對許多團體演說，並成為許多廣

播節目的特別來賓。不久，山姆．李文生便把自己的才華完全轉向娛樂界發展。

當你為競選而奔走時，你也許並不像山姆．李文生那麼順利，他在獲得所希望的影響力時，總會經歷到一些恐懼，一些震驚，一些精神上的緊張。即使曾做過無數次公開演出的大音樂家，也會有相同的感覺。帕德列夫斯基臨要在鋼琴面前坐下前，總是緊張地摸弄著袖口。可是等一開始彈奏，他所有的恐懼就像八月陽光裡的霧，瞬間消失無蹤。

別人的經驗亦能為你所經歷。只要你堅忍不拔，不久你的所有顧慮都會一掃而光，包括這種初期的恐懼。一旦克服開口的幾句話，你就會完全把握住自己，自信而歡喜地講下去。

相信自己的影響力，你就能獲得這種影響力。在為競選奔走的途中，將你的影響力發揮出來，這不僅僅是你日常生活中無法得到的鍛鍊，同時也是一項挑戰。想想那種自恃、自信和閒適的神態，都是屬於你的，想想那種把握注意力、震撼情感和說服群眾去行動的勝利感，你會發現，自我表達能力也能造就別的方面的能力，因為有效說話訓練是一條鍛鍊影響力的康莊大道。

不管你競選獲勝還是失敗，你都有了通往各行各業與各種生活中所必備的自信，你會發現沿途障礙大都會消失殆盡。

3．獲得反敗為勝的勇氣

在競選中，不管你經歷了如何獨特的失敗，請相信你不是孤立無援的。失敗者有龐大的隊伍，而且這個隊伍還在壯大。

在這個飛速變化的經濟世界裡，唯一安全的便是自信能夠對付不安全。你無法擺脫失敗的可能性，而找到一個世外桃園，唯一的辦法是你要有反敗為勝的勇氣。

要反敗為勝，你要多找找自己失敗的原因：

（1）你是否缺乏交際才能？

許多人因為這個原因失敗自己卻不知道，他們總認為是「辦公室政治」讓自己失敗，可是辦公室政治不過是一種人際關係。

交際才能也是社交知識的體現。你可以擁有淵博的學術知識，可是仍然成不了聰明人。真正的聰明人是善於處理人際關係的人。

你是否待人太淡漠？

你是否善於聽取話中之話？

你是否善於提出和接受批評？

你情緒是否穩定？

應該對你的交際才能做具體分析。有人很難與上司打交道，但與部下們的關係卻處理得恰到好處。有人能聰明地對付上司，對部下卻傲慢無禮。提高社交能力的第一步就是強化自己的薄弱環節。

一旦找出問題所在，你應該著手改變自己。社交智慧不是與生俱來，而是後天努力的結果。

（2）你是否能適應環境？

競選時，最大的成功要求能力、個性、風格、價值觀與環境適合。為達到自己的目標，必須全力以赴。

花時間審視自己，把自己的長處和短處都排列出來，盡力克服不足而發揮長處。心中隨時裝進一個成功的自己，這個內心形象會在你面對選民時激勵你去闖自己的路。自信者總是鏗鏘有力地宣佈自己的打算，竭力適應周圍環境以博取他人的信任。

（3）你是否能面對現實？

假如你在競選中失敗了，你應該承認並重新認識現實，這是為了將來的人生不誤入歧途。

挫折之後的一段時間裡，過去總像陰影一樣籠罩著你。你無休止地想著那已經發生的事，當時的情景又一次浮現在腦海裡。回顧過去，是前進的基礎。你應學會當自己的歷史學家。

失敗後，要誠實地對待自己，這是最關鍵的。只有坦率地處理好為什麼失敗這個問題，才能使失敗成為成功之母。應該採用分析的眼光看人看事，絕不要感情用事。

（4）你是否聽說過「重新解釋自己的故事」？

失敗最惱人的一面是你感到失去了控制，打擊迎面而來，令你猝不及防。你突然間變得軟弱無力，身外的力量決定了你的命運。

這是失敗給人產生的感覺，然而，這並不是真實的。你應重新解釋自己的故事。

甲、使自己感覺良好：一切能夠達到目的的方法都可施行，以一種最為肯定的眼光來看待過去，體現了一種良好的精神狀態。

乙、運用「講述」：失敗後，如果做為講述者的你總講陰暗面，做為聽眾的你便會感到悲哀。如果做為講述者的你，強調自己的功績，而對陰暗面只是輕描淡寫，做為聽眾的你也會因此被激勵。事情並無變化，關鍵在於你如何描繪。

丙、肯定地看待過去，使你擺脫困境：如果你一直陷在否定的解釋中，你便將太多時間花在憂慮上。憂慮可能佔據了你所有的時間，憂慮中的胡思亂想、漫無邊際的恐怖想像必然侵蝕你的想像力和精力。

導致憂慮的否定解釋使你失去活動能力，肯定的解釋卻賦予你繼續生活的勇氣。

4．獲得提名或勝利

1860年春天，新成立的美國共和黨在芝加哥開會，要提名總統候選人，誰也沒想到亞伯拉罕．林肯還會有機會上榜。就在不久以前，他自己寫信給一位報社編輯說：「坦白說，我認為自己不適合當總統。」

當時大家一致看好英俊的紐約客威廉．H．西華。前往芝加哥的代表，在火車上試驗投票，結果西華得到的票數是其他候選人加起來的兩倍。許多車廂中根本沒有一張票是投給亞伯拉罕．林肯的。某些代表可能還不知道有這麼一個人存在。

大會恰好在西華五十九歲生日當天召開。他很肯定自己將會獲得提名，預計以此做為生日賀禮。他自信十足地跟國會參議院的同事們道別，並邀請親密好友到紐約奧本城的家裡參加慶祝大宴；還租好一門禮炮，拖進前院，裝上炮彈，朝天空翹起，準備屆時向鎮民報喜訊。

如果大會在星期四晚上開始投票，那門禮炮一定會發射，美國的歷史也會改寫；可是為了等計票所需的紙張，而那位負責發票的印刷員在前往會場途中，大概停下來喝了一杯啤酒吧！總之，他遲到了，結果星期四晚上所有與會者全都坐在會場乾等。大廳裡蚊蟲猖獗，又熱又悶，飢渴交加的代表們決定推延到第二天早晨十點再開會。中間的十七小時，雖然不長，卻足以顛覆西華的前途，把林肯送上寶座。西華的垮臺主要該歸咎於荷瑞斯．格里萊。

格里萊並非真心擁護林肯，但是他心存怨恨，與威廉．H．西華和西華的經理人梭爾羅．韋德有所過節。

格里萊對西華心存怨恨，苦等六年，如今報復的良機終於來了。共和黨提名大會在芝加哥舉行，休會的那個星期四晚上，他徹夜未眠；逐一拜訪每個代表團，曉之以理，動之以情，更兼威脅利誘，一直由日落跑到天亮。他負責的《紐約論壇》報紙銷路遍及北方，比其他報紙更具影響力。他也算是個具有影響力的名人，所到之處，大家都能靜下來聽他說話。

他由各個角度提出論證，指出西華曾一再抨擊共濟金：1830年依靠反共濟會的票數當選為州參議員，結果造成長遠而廣泛的不滿。

後來西華擔任紐約州州長時，贊成廢掉公立小學基金，主張為外國人和天主教徒分別設立學校，結果又引燃另一番熊熊的憎恨之火。

格里萊指出，往日強大的「無知派」曾強烈反對西華，寧願投票給一隻獵犬，也不投給西華。

不僅如此，格里萊還指出這位「奸詐的鼓動者」一向過於躁進，曾提出「血腥計畫」，建議制訂高於憲法的法規，把邊境各州嚇壞了，因此他們皆有所不滿。

格里萊保證說：「我可以帶邊境各州的州長候選人來見你們，他們會證實我的話。」

他說到做到，成功鼓動了群眾的情緒。

賓夕法尼亞州和印第安那州的州長候選人，握拳怒目地說：他們這幾州一定不支持西華，提名西華，共和黨將會慘敗。

而共和黨員覺得：若想勝利，一定要穩住這幾州的票源。

突然間，擁護西華的人潮開始退卻。林肯的朋友們依次拜訪各個代表團，勸那些反對西華的人轉而支持林肯。他們說民主黨一定會提名道格拉斯，全國沒有一個比林肯更適合迎戰道格拉斯，他的準備最周全，應付起來駕輕就熟，何況林肯是肯塔基人，他可以在立場不明的邊境各州贏得選票。而且他是最受者百姓歡迎的候選人——他從劈木條、墾草皮奮鬥發跡，最瞭解百姓。

這些論點行不通的時候，他們又改用別的說詞。他們以答應讓卡勒布·B·史密斯在內閣任職，說服了印第安那州的代表們；又保證西米昂·卡美龍會坐在林肯的右首，因此爭取到賓夕法尼亞州的五十六張代表票。

星期五早晨，投票開始了。

第一次投票，西華領先；第二次，賓夕法尼亞州投了五十二票給林肯，情形逆轉了；第三回，林肯勢如破竹。

全城欣喜若狂，荷瑞斯・格里萊看見以前趾高氣揚的梭爾羅・韋德心酸地落淚。格里萊終於報了舊仇。

此時，春田鎮的情形如何？那天早晨，林肯照舊到律師事務所處理某個案子的資料。他心神不寧，無法專心，遂將文件推開，到一家店鋪後面去玩了幾分鐘的球，然後打一兩局撞球，再到《春田日報》去聽消息。電報局就在報社的樓上，林肯正坐在一張椅子上研究第二次投票的成績，電報員突然衝下來叫道：「林肯先生，你獲得提名了！你獲得提名了！」

林肯的下唇微微顫抖，臉孔泛紅，摒息數分鐘。

這真是最精彩的一刻。

經過了十九年淒涼的挫敗，他突然被捧上令人眩目的勝利高峰。

男人在街上跑來跑去，大聲地互傳消息。鎮長下令發射百響禮炮。

幾十位老友們圍著林肯又笑又嚷，與他握手，將帽子拋到空中，興奮狂喊。

春田鎮的街道上燃起柏油和木籬，點成慶祝火焰，滿鎮紅光，酒店通宵營業。

從林肯的故事中，你獲得了什麼？參加一次競選，為競選而東奔西走——你已得到許多日常生活中無法得到的東西。在美好人生競選中，你已獲得了提名或者勝利。

44 把自己打造成競爭天才

當今的社會處處充滿競爭，充滿挑戰，你只有善於競爭，勇於競爭才能在社會中立於不敗之地。然而有競爭意識的人大都勇於冒險，進而做到他人無法做到的事。

天才的企業家都具有強烈的競爭意識。比爾．蓋茲具有賽車手的競爭心態，新聞電視網之父特納是一個百折不撓的競爭者；索尼公司的創始人盛田昭夫說：「儘管競爭有一些較為黑暗的東西，但在我看來，它是工業和工業技術發展的關鍵。」

和大多數有遠見的創新者一樣，具有冒險家的性格的莫納漢，以極大的熱情冒險進入未知的世界。二十世紀六〇年代末，他駕駛私人飛機的經歷，便是他冒險性格的例證。當時他決定不要浪費在連鎖店之間來回穿梭的時間，於是買了一架「塞斯納172」型自用飛機，做為視察特許經銷商的快速可靠交通工具，然後開始學習飛行課程。

他在拿到飛行員學習執照並在飛行學校練過單飛之後，決定從底特律穿過阿帕拉契山脈前往佛蒙特州。他在出發時沒有制訂飛行計畫，他在前往機場的路邊上的加油站買了一張公路交通圖，做為他的唯一的導航工具。他心裡想，萬一迷路的話，可以沿著公路飛行。但是到水牛城上空，天氣變壞了，能見度為零，他發現自己陷入了困境，不得不用無線電向地面求救。空中交通控制中心透過無線電告訴莫納漢如何降低高度，如何穿過雲層，如何進行緊急著陸。後來莫納漢回憶說：「我使飛機滑行到救護車和消防車附近停了下來，他們正等著收拾飛機殘骸。」

莫納漢成功透過競爭獲取成功。

他創立了世界上最大的比薩外賣公司。他拒絕出售三明治或任何其他產品，以防止店鋪的經理分心，保證實現用最快時間送出最美味比薩的主要目標。這種策略終於成功，他成為美國的大富豪，一名世界級的企業家。

他在1986年出版的自傳《比薩虎》一書中說：「我決心獲勝，決心使我們公司的業績更上一層樓並擊敗競爭對手。」無論是優秀的政治家，還是成功的企業家，這種態度是普遍存在的。心理學的研究證實，企業家的競爭意識一般都比較強烈。無論是在工作中還是在遊戲時，他們都熱衷於競爭。

湯姆．莫納漢喜歡競爭，但必須是公平的競爭。他說：「生活和工作的真正要旨是參與超越他人的長期戰鬥……可在我看來，除非你嚴格地按照規則行事，否則，即使在企業經營上獲得成就也毫無意義。」義大利政治思想家，馬基雅弗利宣揚為達到政治目的可以不

擇手段的哲學觀點，是莫納漢所不能接受的，他認為這不是基督徒的行事方式。

他用競爭描述他的童年生活。他說：「我玩拼圖最出色，打乒乓球最出色，扔石頭最出色。在每一項集體運動中，我都是出類拔萃的。」一些有識之士認為，企業家在工作中和遊戲時的行為沒有什麼兩樣。

無論是在企業經營方面還是在個人生活上，湯姆．莫納漢都遭受過無數次的災難，但他總是不斷地從失敗中奮起，每一次又都能更上一層樓。

莫納漢克服了許多困難，做為三十分鐘送貨到府的比薩之王，在事業上獲得了巨大的成功。他做為一流的企業家獲得了超過預期的成就。莫納漢擁有達美樂比薩公司百分之九十七的股份，該公司以每天送出五十萬個比薩而成為當今世界上最大的外賣比薩連鎖公司。

湯姆．莫納漢是有信仰的。他相信自己，相信他人，相信上帝，也相信迅速送貨上門。達美樂比薩公司的成功是莫納漢勇於競爭、善於競爭的結果，由於對自己夢想孜孜不倦的追求，他成為了世界第一流的企業家和創新預見者。

的確，競爭意識是成功人士的特質之一。

天才人物不是天生的強者，他們的競爭意識並非與生俱來、而是在後天的奮鬥中逐漸形成的。透過學習，你也能有膽有識，勇於競爭。

有以下幾點需要提醒你：

1．從小事做起

先有一個小目標，向它挑戰，把它解決之後，再集中全力向大一點的目標前進。把它完全征服之後，再進一步建立更大的目標，然後再向它展開激烈的攻擊。這樣苦苦搏擊數十年，這樣辛辛苦苦從山腳一步一步堅實而穩穩地攀登，我們就會成為人中豪傑，自然我們的銀行戶頭會急劇擴大。

2．弱者不敗

不要因為弱小而不敢與人競爭，弱者有自己生存的方式，只要相信弱者不敗，勇敢面對困難，你同樣能培養出競爭意識。

3．永不滿足

有些人在事業上小有成就後，就不思進取，認為自己已經算得上是一個生活的強者。有些企業已發展到相當規模，但因此失去了前進的動力，不是進一步壯大自己，而是滿足現狀，停滯不前。

45 十天內交二十個新朋友

十天內認識二十個新朋友，這個計畫很容易完成。我這樣有把握，自然有我的「秘訣」。人常說秘訣說破了就不值錢，我還是願意說破它：為你自己找一個充分接觸社會的正常理由，譬如你可以去做一家保險公司的保險推銷員，你懇求所有的親朋好友每人為你介紹一位潛在客戶，只要你努力，十天完成計畫的五倍也不難。

真是那麼容易嗎？為什麼不把計畫中的人數再增加一些？

透過訓練，我們不但要完成計畫中的人數，同時還要提高自己的人際交往能力，這是重點的所在。如果你的能力沒有得到提高，完成了計畫又有何用？

大家都知道，經常在外面跑的人社交能力較強，這說明人際交往能力的強弱與他的職業有一定的關係。坐在家裡空想，做夢提高自己的交際能力固然荒唐，選擇看門人的職業，每天看著人來人往，你也不一定就能得到充分的鍛鍊。

要想提高自己的人際交往能力，最好藉助某一種職業的支撐，最好是那種「自由人」

的職業，記者、推銷員、房地產經紀人、律師、私人偵探等等，都是鍛鍊你能力的合適職業。

在很多教授人際交往方法的書中，都強調性格交往，不能為了因為要建立良好的關係而討好別人，喪失性格。以你的性格與別人的性格碰撞，反而能建立起良好的人際關係，因為別人承認你不是懦夫，而是一個有理想、有能力、有性格的人。

這種分析是對的，它確實是一種強而有力的方法，但不能因此而否認「與人為善」的方法。

不但不能否認，還要發揚光大，這就是真誠地讚美別人的方法。真心而適度地讚美別人的優點和細微的長處、優勢，能使對方感覺到你理解他、尊重他，關係自然十分融洽，這時你即便不客氣地指出他的毛病，他也會欣然接受。

有人對這種方法不以為然，認為這是討好別人，其實他和大家一樣，也需要別人的讚美，只不過他希望得到的讚美與眾不同罷了。譬如讚美他性格堅強，有主見，不輕易討好他人等等。

一個人人際交往能力的強弱，與他的知識水準有相當大的關係。資生堂化妝品公司銷售部門的田中岡二說：銷售人員永遠沒有機會去扭轉別人對你的第一印象。如果你被關在大門外，縱然你有全世界最高明的推銷術和最完美的產品，也是英雄無用武之地。

他說，你必須言行舉止像個美容顧問，表現出你是化妝品和皮膚保養技術的專家和高手。你必須擁有相當的專業知識，讓別人樂於向你詢問。

他的話告訴我們，你擁有豐富的知識，就能找到合適的話題與周圍的人交流。

有一點要注意，知識豐富的人不能濫用知識。人際關係是人感情的微妙碰撞，你如果不加以控制任由大量非人性的「知識」塞滿你與談話對象之間的空間，別人怎麼會認為你可親呢？

花田貴是全日本最著名的女性推銷商，她的銷售業績令許多男人汗顏。花田貴成功的秘訣只有四個字「少說多聽」。她在談到自己的銷售方法時說：「在登門拜訪的時候，我盡可能三言兩語就說明來意，然後轉移話題，轉到主人最感興趣或最引以為榮的話題上，盡量讓他滔滔不絕。等他說夠了，有時根本用不著你開口，他會主動向你詢問你要銷售的產品的情況。」

花田貴總結說：「這是一個很重要的技巧，你可以想像自己是一名船夫，駕著一葉扁舟，在河流上順流而下，藉水力風力暢行無阻，只需用一些省力的技巧，拿著長杆不時地點一下，避開河流中的暗礁就可以了。」

現代社會的景象之一是人們互相交換名片，名片在人際交往中的作用不容忽視。

小野先生的名片設計得很特別，他列在第一位的稱謂是：×××俱樂部成員，然後才是公司名稱、職務等。×××俱樂部是最有名的一家健身俱樂部，那裡的女教練天天上NHK講健身。首先提到自己是這個俱樂部的成員，讓人很自然地把你與螢幕上的那些健美明星聯想起來，好感油然而生。「噢，先生是×××俱樂部的成員呀！當然見過某甲啦？」「某甲嗎？當然見過，電視裡的名人啊。」

有人出門一次，收回來一大堆名片，回來後隨手扔到桌子上。用不了幾天，這些名片便遺失了。利用名片盒等工具，將這些名片按類整理好，將一些特殊的事情用短語記在這些名片上，日後翻閱起來，你能很快想起名片主人的音容笑貌。

美國舊金山企業聯盟的主席史坦利利用名片的方法非常獨特。他從不整理名片，只是把它裝在一個大盒子裡。他經常做一種「名片象棋」的遊戲，把許多不相干的人的名片放在一起，想像與他們之間的衝突、過程和結果。做為控制者，史坦利受到了很好的大局觀訓練。事情還不只如此，當史坦利遇到非常困難的事情，也玩這種遊戲，他利用各種因素綜合作用產生的結果來解決問題，在一般人的思維框架裡根本沒有任何關係的人，也能在解決問題的大局觀中發揮應有的作用。

出門，是我們每天都要重複的動作，你在出門之前最好再問一下自己：「我做好準備了嗎？」當你去做一件事情的時候，一定要有充分的準備，匆忙前往，可能會前功盡棄。

出門前，事先的準備工作有六個步驟：

1．積極參與

參加任何活動，我們的心態都可能左右事情的發展。如果你在赴約時心裡想的是：「沒辦法，我只能去，不過那真無聊。」或者「我真應該在家裡搞清那份預算表。」抱著這種心態去赴約會是很危險。如果你實在不能去或不想去，就不要勉強自己，不情願的表情會寫在臉上，帶到社交場合去，反而會造成負面影響。只有你真的認為這次赴約將是一件快樂的事情，你才有可能在社交場合建立起好的人際關係和創造出光彩照人的形象來。

2．認清自己的目的

認清自己參加社交活動的目的，可以將一些不情願的事情變得可以接受。比如，你不喜歡和商業夥伴一起喝酒，但為了保持同行間、與客戶之間的聯繫，你必須參加他們的定期聚會，這時你起碼對參加這樣的社交活動不再心存抵觸情緒。人所以在有些時候是高高興興參加社交活動的，是因為他們有明確的目的，有時尋找歡樂本身就是目的。由此可見，認清自己參加社交活動的目的，是能快樂參與的基礎。你不妨藉助於一個小卡片來幫助你完成認清目的的工作，把感覺變成文字的過程。是一種有效的清理過程。

活動名稱：＿＿＿＿ 地點：＿＿＿＿ 主辦者：＿＿＿＿

參加者：＿＿＿＿ 參加理由：＿＿＿＿ 收穫：＿＿＿＿

你填好這張卡片，帶它到社交場合中去，不時掏出來看一看，它會時時提醒你。

3．準備自我介紹

好的自我介紹，必須是簡明有力。介紹的重點包括姓名和一句簡短的話。讓大家知道你是誰，而且一下子就記住你，這不是件容易的事情。出門前，你最好精心措詞，對著鏡子多多練習。

4．準備好社交話題

在《交談的藝術》一書中，莫里斯指出，雖然我們「知道長篇大論是不好的行為，但說得不夠多，也同樣不禮貌」。

話題有大話題與小話題之分。大話題是那些有關生意的話題，有關錢、醫藥、健康、生命、法律乃至政治的話題；小話題則輕鬆短小，主要用來讓大家愉快地消磨時光，小狗、網球、最新上演的戲劇和電影等等。

好的話題是建立融洽人際關係的基礎，這不單指初次相識，即使在日後的交往中，話題也同樣重要。相對無言的友誼不可能長久。

5．眼神和微笑

「很高興認識你」，這句話唯有在你露出溫暖、真誠的微笑時，才有說服力。當你皺著眉頭，甚至一臉淡漠時，這句話一點都不動聽，甚至讓人覺得你很虛偽。

眼神、微笑、聲調這些細節首先要發自真誠，但事前的練習可以將你的真誠表達得更加充分和更讓人接受。你用雷鳴般的聲音或蚊子般的細聲向人問好，肯定不會有好結果。

6．記住該做和不該做的事情

對那些你曾說過要繼續聯絡、再打電話或一起共進午餐的人。在結識的時候就要專心記住，如果你無意再和對方聯絡，就不要許下這類諾言。

帶著你的幽默感去，幽默感不但可以幫助你樹立可愛的形象，當你遇到難堪的時候，比如忘記了對方的名字，打翻飲料，如果你能先笑出來，不僅會打破僵局，還增加了幾分討人喜歡的魅力。

在社交場合，不要坐下來。當你坐下時，絕對無法與人順暢地交際。

不要介入別人早已開始的談話，如果別人談興正濃，你的加入會打破那種熱烈的氣氛，引起他人的不快。

46 在磨難中尋找快樂

快樂是人人都希望得到的，可惜的是快樂卻往往難以得到，人們得到更多的則是痛苦和惆悵。

應該怎樣去尋找、汲取、保持永遠充滿希望的快樂呢？

1．保持信念

著名的暢銷書《秘密》告訴我們這樣一個道理，那就是一定要保持自己的信念，而且這個信念是美好的，那樣的話，我們所想的最後終會成為事實。當你想著一樣美好的事物的時候，你自身的磁場就會像宇宙發出一個你很快樂的磁波，這個時候當宇宙接收到並且分析之後，就會將很多同類的資訊放到你身邊。這就是我們所謂的好運。美好的信念吸引了同樣美好的事物，因此你會發現一個經常面帶微笑的人，他的精神爽朗，臉色紅潤，而且好的事情經常發生在他的身上。

相反的，如果一個人經常想著一些不幸的、灰暗的東西，那麼他的周身都會被灰暗充

斥，如果他不思改變，那麼他將永遠無法得到真正的快樂。

2．掌握知識

我們一直無法否認的一件事情就是，知識就是力量。在這個高科技的資訊社會裡，知識帶給我們的不僅僅是一些枯燥的公式，難記的定理，它更帶給我們一種新的生活方式。

現代人絕對不會因為颳風下雨就覺得是上天的懲罰，而惶惶不可終日，我們用科學的原理解釋清楚種種難解的謎題，讓我們有好的心情可以欣賞雷電交加時所帶來的震撼，狂風驟雨中依舊怒放的生命。現代人絕對不會被簡單的發燒和水痘奪去生命，因為我們知道這些困擾所有古代人的疑難雜症，現在的醫學已經可以輕鬆解決，因此我們可以再生小病的時候依舊保持愉悅的心情，能使自己康復更快。

同時，在這個資訊社會裡，我們還會運用知識帶來另一種生活方式。我們可以用高科技的電腦聽音樂、打電玩、看影片，做很多我們以前想都不敢想像的事情。當我們寂寞無聊的時候，還可以和陌生人聊天，排遣一下心中的抑鬱，為我們帶來另一種快樂，另一種創造的快樂。

3．理解別人和被別人理解

人是典型的群居動物，在整個人類社會的發展史中，我們不難發現，每一個成功的人背後絕對有一大批的追隨者和生死相隨的朋友兄弟，一個人是沒有辦法成就偉大事業的。

在這個和別人親近，喜歡別人和被別人喜歡的過程中，我們看到了這樣的一個共通之處，那就是理解別人和被別人理解在本質上是極其相似的，它是兩個生命體尋求親近、融合，以求擺脫孤獨狀態的一種努力。在這樣的努力狀態下，每個人也不會希望把自己赤裸裸的暴露在大家的眼前，哪怕是最親近的人，我們也希望保留一點隱私給自己。這就要求我們每個人在彼此互相努力溝通協調的時候，多多理解他人，那些不願意被提及的話題，那些不希望別人知道的過往，就讓我們用一顆包容的心去看待這些，理解這些，這樣每個人都會覺得感激，每個人都會得到快樂。

其實，在現實生活中，快樂是隨處可見的，這裡我們就要談到一個重要的獲得快樂的法則——尋求變化，並且接受變化。

這種變化往往來得太快，讓我們措手不及，但是面對同樣的現實和問題，懂得變化的人往往比固執的人容易獲得快樂。

比如大太陽的天氣，你約好和朋友、家人一起野餐，但是突然間天氣變壞，開始下雨。

有些人可能覺得心情變得不好，很倒楣，可是換一個角度想想大家一起躲雨的過程何嘗不是幸福和快樂呢？如果是兩個情人的相約，那麼雨中的關懷不是比平常要覺得更加珍貴嗎？那個你們躲雨的屋簷也許會成為一生的紀念。

另一個贏得快樂的重要方法，就是「抓住現在，只為今天」。人生是由很多個現在構成的，未來總是看不到、摸不著。因此當我們在前行的路上迷失了方向的時候，不妨想想怎樣抓住現在，只為今天。這樣的話，我們成功的將人生漫漫摸索的長路分解成了短小的旅程，在走完這段旅程之後，我們不會覺得疲倦。

我們為自己現在的一天而做出規劃，為自己現在所經歷的每一個小時而調整心情，我們為自己正經歷著的每一分每一秒而活，在這每一個短小的時間段裡，我們用心製造並尋找快樂。

快樂準則三是不要因尋求報復而失去快樂。

當我們因恨自己仇人而失去快樂的時候，就等於賦予仇人制勝的力量。那力量能妨礙我們的睡眠、我們的胃口、我們的血壓、我們的健康和我們的快樂。要是我們的仇人知道他們如何令我們擔心、苦惱，因一心想報復而失去快樂的話，他們一定會高興得跳起舞來。我們心中的恨意完全不能傷害到他們，卻使自己的生活像在地獄一般。

我們要愛我們自己，我們要使我們的仇人不能挖掘我們的快樂、我們的健康和我們的外表。

尋找快樂的第四個準則聽起來有點故弄玄虛，然而它的的確確是極其需要的，這就是「清理我們內心的垃圾」。

大家都有過這樣的經歷，當事情進展不順利的時候，我們常常把碰到的麻煩推到別人身上，從來不曾反省自己的過錯。這種心理的出發點是，「我」一切都是正確的，「我」的計畫是完美的，只是由於外界的因素才沒有成功。這個荒謬的出發點不要說別人，就連我們自己的理智都不能寬恕，反而越來越嚴重，這種惡性循環又將導致下一次行的繼續失敗。

需要我們做的是，在一件事情失敗之後，能夠靜下心來，想一想究竟為什麼沒有成功，到底錯在哪裡，是別人的因素還是自己的因素，自己到底做了哪些傻事。如果我們能夠透過分析對於自己所做傻事能夠付之一笑，我們內心的積怨可以少了許多，對此，我們稱之為「清除內心的垃圾」。保持我們內心的清爽，保持清醒的理智，是我們取得快樂的重要基礎。

1944年7月31日，一個名叫H. P. 霍華的人在紐約逝世，他的死震驚了民主黨和整個華爾街，因為他是當時美國財界的領袖，美國商業銀行和信託投資公司的董事長。霍華在談到自己的工作方法時說過：「多年來，我一直在一本記事簿上記下當時所有的約會，而我

的秘書和家人從來不在星期天為我安排活動，因為他們知道，星期天我要花一部分時間來做自我反省，重新回顧和探討我這一週的工作。在吃過晚飯之後，我會一個人坐在房裡，打開記事簿，回顧從星期一早晨至今所有的會談、討論和會議。我問自己這一星期我犯了什麼樣的錯誤？哪些事情我做得對，怎樣才能改進我的做法？我能從哪個經驗裡學到些什麼？有時候我會發現這種每週一次的探討使我自己很不快樂，有時候我為自己所犯的錯誤感到震驚，當然，隨著時間一年年的過去，重犯某些錯誤的機會就漸漸減少了。這種方法延續了一年又一年，我從中受益匪淺。」

霍華的這種想法大概是從富蘭克林那裡借來的，只是富蘭克林不會等到禮拜天的晚上。他每天晚上都要把一天的情形重新回想一遍。一次他發現自己有十三個很嚴重的錯誤，下面是富蘭克林發現除非他能夠減少這一類錯誤，否則就不可能有什麼大成就。

所以他第一個星期選出一項缺點來改正，然後把每一天的成果做成記錄；在下個星期，他另外挑出一個壞習慣，準備齊全，再接下去做另一場戰鬥。富蘭克林每個禮拜改掉一個壞習慣的戰鬥持續了兩年多。難怪他成為美國有史以來最受人敬愛也最具影響力的人。

艾爾伯特．赫柏德說：「每個人每一天至少有五分鐘是一個很蠢的大笨蛋。所謂智慧，就是一個人如何不超過這五分鐘的限制。」

現在，我們簡單回顧一下本篇的要點。

快樂法則的三個基本點是：

1．保持信念
2．掌握知識
3．理解別人和被別人理解

快樂法則的幾個具體方法是：

1．保持「改變」的習慣
2．「只為今天」的準備
3．不要尋求報復
4．清理內心的垃圾

快樂是無邊無際的，快樂的法則也是無窮盡的，它有待於你去創造。

47 體驗與自己完全不同的人生角色

離開自己「本身」，去扮演一個與自己完全不同的人，這不是離經叛道的事情，相反，是生活中常有的事情。

在美國和德國，都有記者為了要寫出真實的故事，自己假扮成基層勞動者，與他們生活在一起，最終完成了震撼世界的作品。

生活中，類似的扮演也是經常發生的。去醫院看病人，不管你內心多痛苦，面對毫無希望的親人，你還是要扮演樂天派的角色，高高興興地與病人談話。如果你的職業是私家偵探，為了職業的需要，你會扮演更多的人，從藝術家到清潔工人都有可能。

去年春天，一個日本人到中國旅行，在一個鄉村戲臺上看到一副對聯，由於日語中也有漢字的緣故，他大約能看懂這副對聯的意思。這副對聯的意思是這樣的：戲臺小世界，人生大舞臺。

這個日本人深深被悠久文化的宏大力量征服了。

進入到現代社會，西方文化對全世界的影響是顯而易見的，包括人生哲學。我們現在習慣把人看成是靈肉一體的東西，所有關於靈魂的探索最終都要由肉體來實踐，在日常生活中得到體現，因此才有那麼多探索靈魂的理論和書籍。

但東方文化不是這樣，在東方人的思想裡，靈與肉是可以分開的，人在生活中扮演一個與他身分不相同的角色是很正常的現象。在東方人的哲學裡，生活本身帶有很大的遊戲成分，這一點顯示了東方人在生命哲學方面的智慧。

對待嚴酷的社會現實，西方人是將自己定義成一個半人半神的形象，「痛苦不可能壓倒我」。而東方人的想法則很簡單，「人生再難，我也要尋求歡樂。」

正是基於東方文化的傳統，你可以設計這個命題：試著去扮演一下別人。

當你試著去扮演一個與你「本身」不相同的人物時，完全可以把「瞭解社會、理解人生」這樣的大題目放在一邊，可以給自己下一個很平凡的定義，「我就是想看看別人怎樣對待我扮演的這種人」，但事情並不總朝著我們希望的方向發展。嚴肅的定義也好，遊戲的輕鬆也好，現實生活總要把它嚴酷的一面刻在你的臉上。瞭解這種嚴酷，正是我們的目的。

日本演員太一郎在國外雖然沒有什麼名聲，在日本國內卻享有「千變人」的稱號，他扮演的角色，多是些跑龍套的角色，是為烘托主角而設計的。雖然如此，只要有太一郎參與，這些角色就一定能成為整部電影的焦點之一。

太一郎在談到扮演眾多角色的心得時說：「每接到一個新角色，我都很興奮，因為這個角色給了我又一次機會。人生可以讓你牢牢抓在手裡的機會不多，抓住了就要好好地做，這是我從自己所扮演的各種角色中體會到的。我扮演的那些人，大都境遇不好，生活艱難，為了演出的需要，我與他們做過多次長時間的談話。他們當中有些人沒有向命運屈服，仍在努力開創新的生活；有的卻未老先衰，喪失了繼續努力的勇氣。他們常常埋怨別人有著許多的機會，而自己一次也沒遇到過，『這輩子看來也就是這個樣子了……』。扮演他們的時候，我不是用演技在演，而是用『心』在演，有一種說不出來的辛酸感受一直盤繞在我心裡。我自己就是經過千辛萬苦才有今天的成績，因此我特別同情那些知恥而後勇的人，願意幫助他們。」

太一郎的話給我們很大啟發，他的職業對我們來說是一種巧合，因為他恰恰把「本身」和「扮演」兩個極端巧妙地聯繫在一起。我們設計這一「扮演」計畫，就是想讓年輕人能像太一郎那樣，在工作中加深對社會的瞭解。我們「扮演」的目的，不是簡單地從道德方面培養年輕人的同情心（雖然這種培養也是非常必要的），而是想透過「扮演」這種形式，讓年輕人知道自己的位置，珍惜自己的生活方式，珍惜自己對生命的熱愛。著名作家新藤兼人說過，扮演角色是一件非常幸福的事情，透過扮演，將生命全部潛能發揮出來，可以創造出許多令人難忘的瞬間。不做演員，你永遠體會不到這一點。譬如你扮演拿破崙，拿破崙那種頤指氣使的態度、那種金戈鐵馬的進軍，你不去扮演根本體會不到這種神采，你在實際生活中可能終生都不會有這樣的機會。如果你扮演了一個大公司的經理，給自己一個揚眉吐氣的嘗試機會，長期以來積存在心裡的鬱悶將能一掃而光，愉快的心境有可能幫助你辦成一件大事。雖然這只是一瞬間的事情，但你已經無法離開這種感受，或者奮發努力，真正擁有那種美好的東西，或者更加灰心，一生都不得安寧，這便是扮演會給你帶來的東西。

在「扮演」的過程中，你還會學到不少生活中真正可以稱得上是智慧的東西。譬如你準備扮演一個飯店裡送外賣的夥計，在飯店送外賣，第一條要求就是要能騎車外出，如果你的體質不好，或者你對周圍的街道不熟悉，顯然不能完成任務。當夥計寄人籬下，免不了要受老闆的訓斥，這對你的自尊心是一個極大的考驗，面對老闆訓斥更是不能回嘴，如果你受不了委屈，顯然沒有做錯事情卻招來了老闆的臭罵，你能保證自己心平氣和嗎？將來你正式加入某一家公司時，可能會遇到類似的甚至比這更嚴峻的場面，那時你怎樣來應對，現在就可以試著練習。

扮演有這樣幾種功能：瞭解、體驗、遊戲、自我訓練、自我激勵。

你在扮演角色時需要注意的幾個問題是：

1．接受你所扮演的角色

這個道理很明顯，你不能從心裡接受這個角色，就不可能扮演好。

不過也不只是這麼簡單。接受所扮演的角色，不能被動地接受，應該理解然後接受。要理解你以前並不瞭解的人，不是件容易的事。

接受，本身意味著寬容，不管別人怎麼看待你所扮演的角色，即便是十惡不赦的壞蛋，你也要為他找出一點還存有絲毫人性的地方，在此處寬容他。

2．接受別人對你的誤解

誤解是人生中常有的事情。不能心平氣和地對待別人的誤解，總要急著去辯白的人，無法成就偉大的事業。應該說，當你還年輕的時候，就需要面對這種自己找來的誤解，的確是一種不小的考驗。

3．體會別人的思考方法、工作方法，看看可以為你自己帶來什麼啟發

站在自己的角色立場上去觀察體會別人的各種特點，總無法避免隔靴搔癢。只有你將自己完全放到別人的生活軌跡上時，才有辦法真實體驗。這種體驗在研究者看來是非常重要的，很多醫生就是先在自己身上試驗治病的方法和藥品，然後才在實際中應用。

4．看看你能不能比「原型」表演得更好

這主要是檢驗你的兩種能力，一是你的「扮演」能力，二是你對「角色」理解的能力。也許還有另外一種言外之意：看看你對「扮演」這件事本身的理解。

我們常說，設身處地為別人想一想。這種扮演角色的訓練，就是要提高你「設身處地為別人著想」的能力。能夠突破心理上障礙和工作方法的慣性，充分瞭解敵人、對手、周圍人的情況，學會從他們的角度思考事件的進程。你擁有了這種能力，就可以「知彼知己，百戰百勝」。

48 立即行動以改變生存環境

一份分析數百名百萬富翁的報告顯示，這其中每一個人都有迅速下定決心，立即行動的習慣，而且改變初衷的時候會慢慢來。無法累積財富的人則毫無例外，總是遇事遲疑不決、猶豫再三，就算終於下了決心，也是推三阻四、拖泥帶水，一點也不乾脆俐落。

我們回過頭來想想，世上是根本不可能會有十全十美的情況。如果我們一味追求完美，抱怨社會，抱怨他人，如果我們一定要等到世上所有條件都完美後才開始行動，那麼只好永遠等下去。有的人為什麼一輩子都無法成就一件事情，原因正在於此。相反，有的人也對自己的現狀不滿，但他卻立刻行動，力求改變現狀，而不是埋怨，結果行動者成功了，而猶豫者依舊一事無成。

一個人如果滿足於他現有的，絕不會有什麼需求，而偉大人物和庸人最大的區別即在此。庸人有了不滿，只知道呆坐呻吟，埋怨自己的境遇不佳；偉人則努力改造環境。

羅傑先生是個普通的年輕人，有太太和小孩，收入並不多。他們希望有較大的活動空間。然而購買房子的確很難，必須有錢支付分期付款的頭期款。有一天，當他簽發下個月的房租支票時，突然很不耐煩，因為房租跟新房子每月的分期付款差不多。

羅傑跟太太說：「下個禮拜我們去買一間新房子，妳看怎樣？」

「你怎麼突然想到這個？」她問，「開玩笑！我們哪有能力！可能連頭期款都付不起！」

下個禮拜他們真的找到了一間兩人都喜歡的房子、樸素大方又實用，頭期款是一千兩百美元。他知道無法從銀行借到這筆錢，因為這樣會妨害他的信用，使他無法獲得一項關於銷售款項的抵押借款。

皇天不負苦心人，他突然有了一個靈感，為什麼不向建築包商談，向他借私款呢？他真的這麼去做。包商起先很冷淡，由於羅傑一再堅持，他終於同意。他同意羅傑把一千兩百美元的借款按月償還一百美元，利息另外計算。

現在他要做的是，每個月湊出一百美元。夫婦兩個想盡辦法，一個月可以省下二十五美元，還有七十五美元要另外設法籌措。

這時羅傑又想到另一個點子。第二天早晨，他直接跟老闆解釋這件事。羅傑說：「老闆，你看，為了買房子，我每個月要多賺七十五元才行。我知道，當你認為我值得加薪時一定會加，可是我現在很想多賺一點錢。公司的某些事情可能在週末做更好，你能不能答

應我在週末加班呢？有沒有這個可能呢！」

老闆對於他的誠懇和雄心非常感動，真的找出許多事情讓他在週末多做十小時，他們因此歡歡喜喜地搬進新房子。

這個實例可以歸納為三點：

——羅傑的決心燃起靈感的火花，因而想出各種辦法來實現他的心願，而不是妒忌那些住進新房的人。

——由此，他的信心大增，下一次決定什麼大事時會更容易、更順手。

——他提高了家人的生活水準。如果一直拖延，直到所有的條件都解決時，很可能永遠買不起了。

讓我們再來認識另一位先生。奎爾先生代表另一種類型，他不滿現狀，但他一定要等到萬事俱備以後才去做，結果……

奎爾先生在美國郵政局的海關工作。他很喜歡他的工作，但五年之後，他對固定呆板的上下班時間、微薄的薪水，愈來愈不滿，他突然靈機一動。他已經學到許多貿易商所應具備的商業技能，這是他在海關工作耳濡目染的結果。為什麼不早一點跳出來，自己做禮品玩具的生意呢？他認識許多貿易商，他們對這一行許多細節的瞭解不見得比他多。

自從他想創業以來，已過了10年，直到今天他依然規規矩矩在海關上班。

為什麼呢?因為他每一次準備搏一搏時,總有一些意外事件使他停止。例如,資金不夠、經濟不景氣、新生兒的誕生、對海關工作的一時留戀、貿易條款的種種限制以及許許多多數不完的藉口,這些都是他一直拖拖拉拉的理由。

其實是他自己使自己成為了一個被動的人,他想等所有的條件都十全十美後再動手。由於實際情況與理想永遠不能相符,所以只好一直拖下去。他的理想也就成了空想。

吉姆快四十歲了,他受過良好的教育,有一份穩定的會計工作,一個人住在芝加哥,他最大的心願就是早點結婚。他渴望愛情、友誼、甜蜜的家庭、可愛的孩子以及種種相關的事。他有幾次差點就要結婚了,但是每一次臨近婚期時,吉姆都因不滿他的女朋友而作罷。

兩年前吉姆終於找到了夢寐以求的好女孩。她端莊大方、聰明漂亮又體貼。但是,吉姆還要考慮這件事是否十全十美。有一個晚上當他們談到婚姻大事時,新娘突然說了幾句坦白的話,吉姆聽了有點懊惱。

為確定自己是否已經找到理想的伴侶,吉姆絞盡腦汁寫了一份長達四頁的婚約,要女友簽字同意以後才結婚。這份文件又整齊又漂亮,看起來冠冕堂皇,內容包括他所能想像到的每一個生活細節。其中有一部分是宗教方面的,裡面提到了哪一個教堂、上教堂的次數、每次的奉獻金多少;另一部分與孩子有關,提到他們一共要生幾個孩子、在什麼時候

生。

他把他們未來的朋友、他太太的職業、將來住哪裡以及收入如何分配等等，都不厭其煩地事先計畫好了。在文件結尾又列舉了必須戒除或必須養成的一些習慣，例如抽菸、喝酒、化妝、娛樂等等。準新娘看完這份婚約，勃然大怒。她不但把它退回，又附了一張便條，上面寫道：「一般的婚約上有『有福同享，有難同當』這一條，對任何人都適用，當然對我也適用。我們從此一刀兩斷！」

當吉姆先生收到被退回的婚約時，還委屈地說：「你看，我只是寫一份同意書而已，又有什麼錯？婚姻畢竟是終身大事，你不能不慎重行事啊！」

吉姆真是大錯特錯。他可能過分緊張、過度謹慎，但不論是婚姻，或是任何一件事情，你都不能過分吹毛求疵，以免你所訂的每一種標準都偏高。吉姆先生處理問題的做法，跟他對工作、積蓄、朋友的交情，甚至每一件事情都很相像。

成功的人物並不是在問題發生以前，先把它統統消除，而是一旦發生問題時，有勇氣克服種種困難。我們對於一件事情的完美要求必須折衷一下，這樣才不至於陷入行動以前永遠等待的泥沼中。當然最好是有逢山開路、遇水架橋那種大無畏的精神。

當我們決定一件大事時，心裡一定會很矛盾，都會面對到底要不要做的困擾。

該做決定的時候怎麼辦？要決定的事，簡單的如今天該穿什麼衣服，到哪兒吃午飯。慎重的，譬如要不要辭職等，你是不是既然做了決定，就按部就班接著下去？還是過分擔憂會有什麼後果？

你也許聽說過那匹可憐的毛驢的故事：

一匹毛驢幸運地得到了兩堆草料，然而幸運卻毀了這個可憐的傢伙，牠站在兩堆草料中間，猶豫著不知先吃哪一堆才好，就這樣，守著近在嘴邊的食物，這匹毛驢卻活活餓死。

世間最可憐的，是那些遇事舉棋不定、猶豫不決、不知所措的人；是那些自己沒有主意，不能抉擇，依賴別人的人。這種主意不定，自信不堅的人，很難得到別人的信任。

有些人簡直是無可救藥的狐疑寡斷，他們不敢決定各種事件，因為他們不知道這決定的結果究竟是好是壞，是吉是凶。有些人本領不差，人格也好，但因為寡斷，他們的一生就被蹧蹋了。

決斷敏捷的人，即使犯錯誤，也不要緊。因為他對事業的推動作用，總比那些膽小狐疑不敢冒險的人敏捷得多。站在河邊，呆著不動的人，永遠不會渡過河去。

敏捷、堅毅、決斷的力量，是一切力量中的力量。假使你一生沒有養成敏捷堅毅的決斷能力，那你的一生，將如一葉漂蕩的孤舟。你的生命之舟，將永遠漂泊，永遠不能靠岸；你的生命之舟，將時時刻刻，都在暴風猛浪的襲擊中。

49 做未來十年的人生規劃

每個人都期待著未來的人生，未來的成功，那是一個自己所訂下的目標，不論長遠，而自己就為著這樣的目標不斷前行。

只有將自己的人生規劃做到最符合自己的標準，你才能實現它，自己的人生軌跡也會因此做出調整和改變。

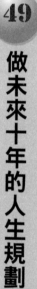

出色的企業或組織都有十年至十五年的長期目標。企業決策者所訂下的規劃，現在所下的每一個決定，都不是為了今天的需求，他們都看到了長遠的前景。就像是下棋，無論是圍棋還是國際象棋，都要求棋手有走一步看五步的能力，只有這樣，才能取得最終的勝利。

做為個體，我們個人在自己的人生中也需要做這樣的一個規劃，這個為期十年的規劃，是我們追求的目的。因為有了十年後自己生命的召喚，我們現在才懂得怎樣邁出生命中的每一步；正因為有了十年後自己人生的召喚，我們才會執著的追求，哪怕在追逐的路上遭受失敗的痛楚，也不會輕言放棄。

曾經有一年輕人（暫且稱他F先生）由於職業發生問題跑來找拿破崙．希爾，這位F先生舉止大方、聰明、未婚、大學畢業已經四年。

他們先談年輕人目前的工作、受過的教育、背景和對事情的態度，然後拿破崙．希爾對年輕人說：「你找我幫你換工作，你喜歡哪一種工作呢？」

「喔！」F先生說，「那就是我找你的目的，我真的不知道想要做什麼。」

這個問題很普遍。替他接洽幾個老闆面談，對他沒有什麼幫助。因為誤打誤撞的求職法非常不聰明，雖然他至少有幾十種職業可選擇，但選出合適職業的機會卻並不多。拿破崙．希爾希望他明白，找一項職業以前，一定要先深入瞭解那一行才行。

所以拿破崙．希爾說：「讓我們從這個角度來看看你的計畫，十年以後你希望怎樣呢？」

F先生沉思了一下，最後說：「好！我希望我的工作和別人一樣，待遇很優厚，並且買一棟好房子。當然，我還沒深入考慮過這個問題。」

拿破崙．希爾對F先生說：「這是很自然的現象。」他繼續解釋：「你現在的情形就彷彿跑到航空公司裡說：『給我一張機票』一樣。除非你說出你的目的地，否則人家無法賣給你。」拿破崙．希爾對他說：「除非我知道你的目標，否則無法幫你找工作，只有你自

己才知道你的目的地。」

這使F先生不能不仔細考慮。接著他們又討論各種職業目標。談了兩小時，拿破崙・希爾相信他已經學到最重要的一課：出發以前，要有目標。

從某個角度來看，人也是商業單位。你的才能就是你的產品，你必須發展自己的特殊才能，以便換取最高的價值。下面有兩種很有效的步驟可以幫你做到這一點。

第一，把你的理想分成工作、家庭與社交三種。這樣可以避免衝突，幫你正視未來的全貌。

第二，針對下面的問題找出自己的答案。我想完成哪些事？想要成為怎樣的人？哪些東西才能使我滿足？

一、十年以後的工作方面：

1. 我想要達到哪一種收入水準？
2. 我想要尋求哪一種程度的責任？
3. 我想要擁有多大的權力？
4. 我希望從工作中獲得多大的威望？

二、十年以後的家庭方面：

1．我希望我的家庭達到哪一種生活水準？

2．我喜歡哪一種旅遊活動？

3．我希望如何撫養我的小孩？

三、十年以後的社交方面：

1．我想擁有哪種朋友？

2．我想參加哪種社團呢？

3．我希望取得哪些社區的領導職位呢？

4．我希望參加哪些社會活動呢？

拿破崙．希爾和兒子堅持他們兩個人合作，替一隻小狗「花生」蓋一間狗屋，這隻小狗是一隻活潑聰明的混血狗，又是他兒子的開心果。但由於他們的手藝太差，成績很糟糕。狗屋蓋好不久，有一個朋友來訪，忍不住問拿破崙．希爾：「樹林裡那個怪物是什麼啊？不是狗屋吧？」拿破崙．希爾說：「正是一間狗屋。」他指出一些毛病，又說：「你為什麼不事先計畫一下呢？如今蓋狗屋都要照著藍圖來做。」

在你計畫你的未來時，也要這麼做，不要害怕畫藍圖。現代的人是用幻想的大小來衡量

一個人。一個人的成就多少比他原先的理想要小一點，所以計畫你的未來時，眼光要遠大才好。

「我希望有一棟鄉下別墅，房屋是自色圓柱所構成的兩層樓建築。四周的土地用籬笆圍起來，說不定還有一兩個魚池，因為我們夫婦倆都喜歡釣魚。房子後面還要蓋個都貝爾曼式的狗屋。我還要有一條長長、彎曲的車道，兩邊樹林林立。

十年以後，我會有足夠的金錢與能力供全家坐船環遊世界，這一定要在孩子結婚獨立以前早日實現。如果沒有時間的話，就分成四、五次做短期旅行，每年到不同的地方旅遊。當然，這些要看我的工作是不是很成功才能決定，所以要實現這些計畫的話，必須加倍努力才行。」

這個計畫是五年以前寫的。這位學員當時有兩家小型的「一角專賣店」，現在他已經有了五家，而且已經買下十七英畝的土地準備蓋別墅。他的確是在逐步實現他的目標。

你的工作、家庭與社交三方面是緊密相連的，每一方面都跟其他有關，但是影響最大的是你的工作。我們家庭的生活水準，我們在社交中的名望，大部分是以我們的工作表現決定的。

麥金塞管理研究基金會曾經做了一次大規模的研究，希望找出傑出主管需要的條件。他們針對工商業、政府機關、科學工程以及宗教藝術的領導人物進行問卷調查。經過印證，終於瞭解主管最重要的條件就是「渴望進步的需求」。

瓦那梅克先生曾忠告我們：「一個人除非對他的工作有迫切要求進步的願望，樂意去做，否則做不出什麼大事。」

妥善運用你「渴望進步的需求」，往往會產生驚人的力量。

拿破崙．希爾分享過與一個經常在大學報紙上發表作品的學生的談話，他有很高的天分，具備從事新聞事業的潛力。畢業前拿破崙．希爾問他：「丹先生，畢業以後打算做什麼？準備從事新聞工作嗎？」丹先生抬頭看他一眼說：「我非常喜歡寫作和報導消息，而且也發表過一些作品，可是新聞工作盡報導些零零碎碎的消息，我懶得去做。」

拿破崙．希爾大約有五年沒有聽到丹的消息，有一天晚上拿破崙．希爾忽然在新奧爾良遇到丹，當時丹是一家電子公司的助理人事主任，他向拿破崙．希爾表示了對這個工作的不滿：「喔！老實說，我的待遇很高，公司有前途，工作又有保障，但是我根本心不在焉，我很後悔沒有一畢業就參加新聞工作。」

丹先生的態度反映出他對工作的厭煩，他對於許多事情都看不順眼。他將來根本沒有什麼前途，除非他立刻辭職，投入新聞工作。成功是需要完全投入的，只有完全投入你真正喜歡的行業，才有成功的一天。

如果丹先生依照他的需求去做的話，他早就在新聞傳播事業上小有成就了；而從長遠的

眼光來看，他的待遇將比目前高得多，又能獲得更大的成就感。試著與十年後的自己進行對話的最大好處是有助於我們安排日常工作的輕重緩急。沒有這種對話，我們很容易陷進與理想無關的日常事務當中。一個忘記最重要事情的人，會成為瑣事的奴隸，正如有人曾經說過：「成功就是懂得該忽視什麼東西的藝術。」

許多年前，某報做過三百條鯨魚突然死亡的報導。這些鯨魚在追逐沙丁魚時，不知不覺被困在一個海灣裡。弗里德里．布朗斯這樣說：「這些小魚把海上巨人引向死亡，鯨魚因為追逐小利而暴死，為了微不足道的目標而空耗了自己的巨大力量。」

沒有長遠計畫的人，就像故事中的鯨魚，他們有巨大的力量與潛能，但他們把精力放在小事情上，而小事情使他們忘記了自己本應該做什麼。

就像毛蟲的行動一般，一條長長的遊行隊伍，沒有頭，也沒有尾。法布林在毛蟲隊伍旁邊擺了一些食物，但這些毛蟲想要吃到食物就必須解散隊伍，無法一條接一條前進。

法布林預料，毛蟲很快會厭倦這種毫無用處的爬行，而轉向食物，可是毛蟲沒有這樣做。出於純粹的本能，毛蟲沿著花盆邊一直以同樣的速度爬了七天七夜。

牠們一直爬到餓死為止。

這些毛蟲遵守著牠們的本能、習慣、傳統、先例、過去的經驗、慣例，或者隨便你稱它什麼好了。牠們工作很賣力，但毫無成果。許多不成功者就跟這些毛蟲差不多，他們自以為忙碌就是成就，工作本身就是成功。

長遠計畫有助於我們避免這種情況發生。如果你制訂了長遠計畫，又定期檢查工作進度，你自然就把重點從工作本身轉移到工作成果，再也不能接受單單用工作來填滿每一天。做出足夠的成果來實現長遠計畫，這才是衡量成績大小的正確方法。隨著一個又一個目標的實現，你會逐漸明白要實現長遠計畫要花多大的力氣，你往往還能悟出如何用較少時間來創造較多的價值，這會反過來引導你制訂更遠的計畫，實現更偉大的理想。

成功者總是事前決斷，而不是事後補救。他們提前計畫，而不是等別人的指示。他們不允許其他人操縱他們的工作進程。不事前計畫的人是不會有進展的。《聖經》中的諾亞，他並沒有等到下雨了才開始造他的方舟。

長遠計畫能幫助我們事前謀劃，長遠計畫迫使我們把要完成的任務分解成可行的步驟。要想製作一幅通向成功的藍圖，你就要先有長遠計畫。正如十八世紀發明家兼政治家富蘭克林在自傳中所說：「我總認為一個能力並非特別強的人，如果有了好計畫，一樣會是大作為的。」

一個成功者之所以偉大，首先是因為他有偉大而長遠的計畫。

所謂偉大長遠的計畫，無非是要做大事，考慮更多的人、更多的事，在更大的範圍裡解決更多的問題。比如做一個社會活動家或政治家，為人類和平繁榮而奮鬥；做一個大律師，為國家的法制文明而奮鬥；做一個企業家、億萬富翁，做一個有作為的省長、市長等等。

因為你要解決大問題，為很多人服務，你就得要有大本事，要有很多知識、技能，有時甚至要超越個人的得失，做出某些重大犧牲。在這一過程，你逐漸變得有超乎常人的能力，胸懷寬廣，大公無私，以獨有的方式為人民、為國家、為人類的進步服務。當這種服務取得成效後，自然能得到社會和人民的認可與尊敬——你便逐漸變得偉大。

人生大計畫是人生大志，可能需要十年二十年甚至終生為之奮鬥。這樣的大計畫是很難精確詳細的，尤其是對成功經驗不足、閱歷不深的人來說，更是如此。隨著成功經驗的增加、階段性計畫的實現，人會站得更高，這樣人生大計畫的確會逐漸清晰明確。

所以人生長遠計畫，可以不要求詳細、精確，但方向必須正確，因為錯誤的大方向會把你十年、二十年的時間全部葬送掉。

對人生所訂出十年以後的長遠計畫一般有四點要求：

1．長遠計畫必須切實可行
2．訂出實行這一長遠計畫的最後期限
3．自身具備實現這一計畫的能力
4．有將此計畫進行到底的決心和能力

你無法一下子成功，只能一步步走向成功，所以你必須有計畫，從一個月計畫到一年、到五年、到十年的計畫，這是你人生必須的。1918年，年輕的拿破崙．希爾在田納西州一家雜誌社工作，同時又在上大學。由於他在工作上的傑出表現，被雜誌社派去訪問偉大的鋼鐵製造家安德魯．卡內基，卡內基十分欣賞這位積極向上、精力充沛、有拼勁、有毅力、理智與感情又平衡的年輕人。他對希爾說：「我向你挑戰，我要你用十年時間，專門用在研究美國人的成功哲學上，然後提出一個答案。但除了寫介紹信為你引見這些人，我不會對你做出任何經濟支持，你肯接受嗎？」年輕的希爾相信自己的直覺，勇敢地承諾：「接受！」以致數年後，希爾博士在他的一次演講中說：「全國最富有的人要我為他工作十年而不給我一丁點薪酬。如果是你，你面對這樣一個『荒謬』的建議，肯定會推辭的，可是我卻反其道而行。」

在卡內基對希爾的挑戰中包括了明確的計畫——研究美國人的成功哲學，以及達到目的的時限——十年。長談之後，在卡內基的引薦下，希爾遍訪了當時美國最富有的五百多位傑出人物，對他們的成功之道進行了長期研究，終於在1928年，完成並出版了舉世聞名的專著《成功定律》一書。從1918年到1928年，正好十年，希爾如願以償地成功了。

你做為一個未來的成功者，請記住希爾這個故事吧！希望你也能用十年時間取得令現在的你驚喜的成功。

50 做一次飯店裡的服務生

做一次飯店裡的引導服務生，學會為他人服務，看似是一種很容易的事，可是實際做起來卻不是那麼容易。你過去也許一直都是別人在為你服務，等有一天你終於做為飯店裡的引導服務生時，你會有何感想呢？

這是一種非常有必要的體驗，交換一下位置，你的所見所想都會和從前不一樣：首先你懂得了為他人服務，「給人方便就是給己方便」，要體會到這句話，你必須從最小的服務做起。這需要你的耐心和勤奮以及吃苦耐勞。

學會服務之後，在引導客人的同時，你怎樣在想像自己的將來，你又受到些什麼啟示呢？

啟示之一：懶惰使人畏縮。

有這樣一件事：梅克林夫婦生下了一位男嬰，據說，他將可繼承上億美元的財富。當這個小嬰兒被放在嬰兒車中，推出去呼吸新鮮空氣時，四周擠滿了護士、助理護士、偵探，以及其他各種僕人，他們的責任就是防止這個小嬰兒受到任何傷害。從那時到現在已有很多年了，但這種警戒情況仍然繼續維持著。任何僕人能夠做的事，皆不准他自己去動手。等他長大到十歲，有一天，他在後院玩耍時，發現後門並未關上。在他一生中，他從未獨自一個人走出那個後門，因此，很自然的，他心裡希望能夠這樣做。就在僕人們未注意到他的那一瞬間，他立刻從後門衝了出去，向著街道跑去，但還未衝到馬路中央，就被一輛汽車撞死了。

他一向使用僕人們的眼睛，以致於忘了使用自己的眼睛，當然他如果早點學會相信自己的眼睛，它們必然會為他提供幫助。

拿破崙．希爾曾擔任某位大富翁的秘書。那位先生將他的兩個兒子送到外地上學。拿破崙．希爾的工作之一就是，每個月各開一張一百美元的支票給他們。這是他們的「零用錢」可供他們隨意花費。後來，這兩個人帶著他們的文憑回家了，他們還從學校中帶回了文憑以外的其他東西——久經訓練的好酒量。因為，他們每人每月所收到的一百美元，使他們不必去為生活奮鬥，因此有機會好好訓練他們的酒量。

幾年之後，他們的父親已經破產，他那棟豪華大住宅，已經公開拍賣出售。兩兄弟中，有一人死於精神錯亂，另一人現住在精神病院中。

並不是所有的富家子弟都有如此悲慘的下場，但是，事實仍然如此：懶惰會造成畏縮，

畏縮會導致進取心及自信心的喪失，一個人缺乏這些基本的優點，一生都要在不穩定中生活，就如同一片枯葉隨風飄飛。

其實，許多人能夠在這個世界上功成名就主要是因為他在生命初期被迫為生存而奮鬥。許多做父母的因為不知道從奮鬥中可以培養出進取心，所以他們會這樣說：「我年輕時必須辛苦工作，但我一定要我的孩子能過得舒服。」真是既可憐又愚笨的人呀。生活過得「舒服」，通常反而會害了孩子們。

啟示之二：奉獻使人得到。

如果你只是從事你報酬分內的工作，那麼你將無法贏得人們對你的有利評價。但是，當你願意從事超過你報酬價值的工作時，你的行動將會促使與你的工作有關的所有人對你做出良好的評價，而且還將進一步建立起你的良好聲譽。這種良好的聲譽，將給你帶來更多的報酬。

卡洛．尼斯起初是汽車製造商杜蘭特的助手，後來成為杜蘭特手下一家汽車經銷公司的總裁，他談到自己晉升過程時說：

「當我除去替杜蘭特先生工作時，我注意到，每天下班後，所有的人都回家了，但杜蘭特先生仍然留在室內，而且一直待到很晚。因此，我也決定在下班後留在辦公室內。沒有人請我留下來，但我認為，應該有個人留下來，必要時可對杜蘭特先生提供任何他所需要的協助。因為他經常在尋找某個人替他把某種公文拿來，或者替他做個重要的服務，而他隨時都會發現，我正在那兒等待替他提供任何服務。他後來就養成了呼叫我的習慣，這就是整個事情的經過。」

卡洛．道尼斯的「任勞任怨」既鍛鍊了自己的工作能力，又贏得了老闆的好評和信任，最終被提升到很好的職位，這些都是「不計報酬」而帶來的報酬。

拿破崙．希爾有一次被一所學院邀請去講學。他受到從未有過的熱烈歡迎，並遇見了許多可愛的人士，從他們身上得到了許多珍貴的教益。他說此行不虛，因此婉言拒絕了學校付給他的一百美元報酬。

第二天早晨，學院院長對學生動情地說：「在我負責這家學院的二十年期間，我曾經邀請過幾十位人士前來向學生們發表演說。但是這是我第一次知道有人拒絕接受他的演講酬金。這位先生是一家全國性雜誌的總編輯，因此，我建議你們每個人都去訂閱他的雜誌。因為，像他這樣的人，一定擁有許多美德及能力，是你們將來離開學校、踏入社會時所必須用到的。」

不久，拿破崙．希爾所主編的那家雜誌社收到了這些學生六千多美元的訂閱費。在以後的兩年當中，這所學院的學生以及他們的朋友一共訂閱了五萬多美元的雜誌。

請問，你能夠在別處以其他方式投資一百美元，而獲得如此大的利潤嗎？

奉獻使人得到，就像你在飯店的引導服務受到客人的尊重和稱讚一樣。

啟示之三：個性豪爽、態度樂觀是應有的人生態度。

A先生是一個樂知天命的商人，不論洽談生意成功與否，臉上常掛笑容，走起路來抬頭挺胸，「不怨天，不尤人」，朋友都很喜歡與他為伍。

B先生則因為悲觀對顧客沒精打采，一遇困擾就愁眉苦臉。受他的影響，他的員工工作熱情平平，上下關係緊張。

由於A、B兩人處世的態度不同，做事的方針便有差異。A先生樂觀積極，員工也活躍起來，遇有新構思、提議，也樂於同A先生分享，公司上下充滿幹勁，富有進取精神。B先生的公司恰恰相反，員工們受他的影響，悲天憫人，公司上下缺乏闖勁，這家公司無疑難以發展。

會賺錢的人肯定是A先生的同路人。因此建議朋友們抬頭挺胸，談笑風生，用快樂感染周圍的人。保持活力的形象有助於你賺錢。

另外，你找朋友也要找樂天派，從他們的身上感受積極向上的情緒，你也會跟著積極向上。

啟示之四：對人生充滿信心，有強烈追求的人才能獲得成功。

你也許經常在電視上看到這樣的鏡頭：一個上了年紀而精神不錯的男人手臂上挽著一位妙齡女郎。這位男人往往是位成功的男人，在他身上仍有年輕人精力充沛、旺盛的影子。所以，人們看到這老少一對，並不會產生不協調的感覺。有時候，他們往往會令看到他們的年輕人汗顏。

一個人只有精力充沛，才能對所從事的事業鍥而不捨。這裡不妨對你說，健康的身體才是賺錢的本錢。因為身體不佳，對於自己、對於世界都會失去希望。

隨著年齡的增長，不但要保養好你的身體，而且要永保一顆年輕的心。如果你抑鬱寡歡，多愁善感，毫無自信，失去了追求和目標，你的身體也會隨之快速衰老。讓你的面相和心理年齡，都大大小於你的實際年齡，你將更吸引人，特別是異性。

因此，每天愉快地生活吧！不要太勞心。

啟示之五：謙虛使人賺錢。

越謙虛的人，越能賺到錢。

擁有客氣的態度，對生意人來說具有特別的意義，即所謂和氣生財。對顧客要低姿態，是生意人的根本。

美國石油大王洛克．斐勒說：「當我從事的石油事業蒸蒸日上時，我總是在晚上睡覺前拍拍自己的額角說：『如今你的成就還是微乎其微！以後路途仍多險阻，若稍一失足，就會前功盡棄。切勿讓自滿的意念攪昏你的腦袋，當心！當心！』」這句話的意思也是勸說人們要謙虛，尤其在稍有成就時應格外當心，不要驕傲。

人們大都會有這麼一種想法：越是謙遜的人，你越是喜歡找他的優點來推崇；越是把自己的所作所為看成了不起、孤傲自大的人，大家都會瞧不起他，更喜歡找出他的缺點加以攻擊。洛克．斐勒正是明白這個道理，才說出這番話並且從中獲益的。因為經過一番警惕後，因小有所成而引起過度興奮的情緒，便可平靜了。

樂極就會生悲，過度興奮就會出差錯，金錢就像流水一樣，由高處往低處流，越到下游，覆蓋的面積越大，土地也越肥沃。賺錢的情形就是這樣。採取低姿態，謙虛、滿懷感謝之心的人，金錢會順流向他而去。越是有涵養、穩重的君子，態度越謙虛；相反的，毫無內涵、輕薄的小人，態度越驕狂。

國家圖書館出版品預行編目資料

50種不枉此生的生活智慧／青藏石頭編著
－－第一版－－ 臺北市：老樹創意出版；
紅螞蟻圖書發行，2010.11
面　　公分－－(New Century；36)
ISBN 978-986-6297-17-5（平裝）

1.成功法 2.生活指導

177.2　　　　　　99020927

New Century 36

50種不枉此生的生活智慧

編　　著／青藏石頭
美術構成／Chris' office
校　　對／楊安妮、鍾佳穎、周英嬌
發 行 人／賴秀珍
榮譽總監／張錦基
總 編 輯／何南輝
出　　版／老樹創意出版中心
發　　行／紅螞蟻圖書有限公司
地　　址／台北市內湖區舊宗路二段121巷28號4F
網　　站／www.e-redant.com
郵撥帳號／1604621-1　紅螞蟻圖書有限公司
電　　話／(02)2795-3656（代表號）
傳　　真／(02)2795-4100
港澳總經銷／和平圖書有限公司
地　　址／香港柴灣嘉業街12號百樂門大廈17F
電　　話／(852)2804-6687
法律顧問／許晏賓律師
印 刷 廠／鴻運彩色印刷有限公司
出版日期／2010年 11 月　第一版第一刷

定價 250 元　港幣 83 元

ISBN 978-986-6297-17-5　　　　Printed in Taiwan